0~3岁孩子的
正面管教

杨颖 编著

四川美术出版社

图书在版编目(CIP)数据

0~3岁孩子的正面管教 / 杨颖编著. —成都：四川美术出版社, 2021.4
ISBN 978-7-5410-8876-6

Ⅰ.①0… Ⅱ.①杨… Ⅲ.①婴幼儿-家庭教育 Ⅳ.①G781

中国版本图书馆CIP数据核字(2019)第213547号

0~3岁孩子的正面管教
0~3 SUI HAIZI DE ZHENGMIAN GUANJIAO

杨颖　编著

责任编辑	刘珍宇　田倩宇
责任校对	袁一帆　张　萍　佘雅容
排版设计	松　雪
出版发行	四川美术出版社有限公司
	(成都市锦江区金石路239号　邮政编码：610023)
印　　刷	三河市众誉天成印务有限公司
成品尺寸	208mm×143mm
印　　张	6
字　　数	136千字
图 幅 数	33
版　　次	2021年4月第1版
印　　次	2021年4月第1次印刷
书　　号	ISBN 978-7-5410-8876-6
定　　价	36.00元

企业官方微信公众号

版权所有·侵权必究
本书若出现印装质量问题，请与印厂联系调换

前　言

孩子是一个家庭的希望，如何通过温和、尊重而非打骂、惩罚的正面管教的方式，让孩子身心健康地成长，是家长的最大期望。

在生儿育女这一甜蜜而又辛苦的旅程中，每一个家庭、每一对父母都付出了无限的爱和耐心。新生命的诞生到他逐步成长，又是一个复杂的过程。年轻的爸爸妈妈常常对遇到的很多问题束手无策，不知如何是好。

从新生到3岁这个年龄段，是宝宝生理、心理发育的重要时期。在生理上，每个宝宝每年大约要患病8次，父母对于疾病的处理方式对宝宝未来的健康和幸福将产生深远的影响；在心理上，一个人性格和习惯的养成多数都来自幼年时代，父母及家庭成员和整个家庭氛围对宝宝的潜移默化的影响和教育都是非常重要的，需要在日常生活中自然进行。

但是，任何宝宝、任何父母都是存在差异的，如何选择有效的教育方式很大程度上取决于父母自己，毕竟最了解自己宝宝的还是父母本人。

幼儿早教是一项庞大且系统的工程，从某种意义上讲，每一位父母都应该是宝宝的启蒙老师和心理辅导师。

  本书细致周到地讲解了从新生儿到 3 岁儿童的教育知识，针对宝宝不同时期的情商培养、智力开发、性格塑造、良好习惯的养成等方面介绍了很多行之有效的方式方法。

  孩子的成长需要父母无条件的爱、鼓励和管教，希望本书能让初为父母的读者建立正面管教的理念，掌握正面管教的方法，让孩子在阳光下茁壮成长。

2021 年 2 月

目 录

第一章 0~3岁,关注孩子的敏感期

多样的敏感期行为 ...002

敏感期决定孩子的一生 ...006

视觉敏感期:视觉也需要开发吗 ...009

听觉敏感期:有声音就有吸引力 ...017

口腔敏感期:口是探索世界的工具 ...024

嗅觉敏感期:固定的气味带来安全感 ...031

触觉敏感期:让孩子的双手自由舞动 ...036

动作敏感期:宝宝的世界变大了 ...043

语言敏感期:感知语言,出生就开始的任务 ...052

第二章 0~3岁,如何培养孩子的好情绪

情绪是婴儿交流的手段 ...066

婴儿也会"察言观色" ...068

孩子为什么会"认生" ...071

信任关系的最佳建立期 ...075

自己的孩子自己带 ...078

别让孩子患上"肌肤饥饿症" ...081

第三章　0~3岁，如何塑造孩子的好气质

孩子气质越早了解，越好教育 ...086

气质没有好坏之分 ...089

测测孩子的气质 ...091

胆汁质孩子：热情似火，行为冲动 ...094

抑郁质孩子：细心谨慎，敏感怯懦 ...101

黏液质孩子：专注冷静，固执己见 ...109

多血质孩子：适应性强，精力分散 ...116

第四章 0~3岁,如何改善孩子的心理
让宝宝不再哭闹不止 ...126
纠正宝宝爱发脾气的技巧 ...128
宝宝有独占意识怎么办 ...130
疏导宝宝的嫉妒心理 ...132
如何应对害羞的宝宝 ...135
正确引导宝宝的竞争意识 ...138
不能满足宝宝的所有要求 ...140
帮助宝宝克服夜间恐惧 ...142

第五章 0~3岁,如何管教孩子的行为
冷静处理宝宝的暴力行为 ...148
孩子毁坏财物怎么办 ...150
正确对待宝宝说谎 ...152

怎样让不服管教的孩子听话 ...156

如何应对爱插嘴的孩子 ...159

校正孩子的莽撞行为 ...161

孩子没有礼貌怎么办 ...163

第六章 0~3岁，如何矫正孩子的习惯

纠正宝宝吸吮手指的习惯 ...168

改善宝宝的不良口腔习惯 ...170

培养宝宝独立吃饭的习惯 ...172

纠正宝宝偏食的习惯 ...174

培养宝宝良好的卫生习惯 ...176

培养宝宝正确的坐姿与站姿 ...178

让宝宝形成正确的是非观 ...180

正确对待宝宝惯用左手 ...182

第一章

0～3岁，关注孩子的敏感期

多样的敏感期行为

冲冲今年已经6岁了,从冲冲出生的那天起,妈妈就为他准备了一本成长日记,准备作为孩子18岁的"成人礼"。不过这本成长日记有个特别的地方,那就是上边记录了孩子的表现和妈妈的心情,下边妈妈用另一种颜色的笔写下了孩子出现这种表现的原因。虽然带孩子是一件很辛苦的事情,但是每当翻开这本成长日记,妈妈的脸上总是会浮现出幸福的微笑。

"我的宝宝好可爱!他来到这个世界已经3个月了!离开他一会儿我都觉得想念得很。我每天都会拿着小玩具在他的眼前晃,而他的眼睛也会滴溜溜地跟着玩具转来转去。孩子的眼睛真的很纯净,黑白分明。不写了,我要去看宝宝。"

在孩子感官的发育中,最先发育的是视觉。视觉能力发展的关键时期是在1岁之前的婴儿期。3个月大的时候,孩子的眼睛已经可以跟随物体运动,也能把视线固定在某一个物体上。 所以,有色彩或者运动的物体都能吸引孩子,这些都能促进孩子视觉的发育。

"冲冲到底喜欢谁呢？前两天我们和冲冲一起睡觉，他爸爸随手抓过我的枕头放在了头下边，冲冲使劲儿推开了他爸爸，嘴里嘟囔着：'妈妈的枕头，爸爸不用！'我当时心里那个开心啊，很骄傲地冲着老公挤眼睛！结果昨天冲冲就来了个180度的转变。我们去郊游，我拿过他爸爸的帽子戴上，没想到冲冲一下就把我头上的帽子摘了下来，给他爸爸戴上了。这下轮到老公冲我挤眼睛了。"

其实这与孩子喜欢谁并没有多大关系，而是因为他正处在秩序敏感期，对物品所有者的秩序感非常敏感。孩子都需要一个有序的环境来帮助他认识周围事物各个部分之间的关系，这样才能让孩子更适应环境，行动更具有目的性，并且在建立秩序感之后找到自己最喜欢的生活方式。

"冲冲今天变成了一个'坏孩子'。我去幼儿园接他的时候，他竟然对我说了一句：'坏妈妈，我踢死你！'听到这句话，再看看孩子那认真的表情，我的心里别提多难受了！"

这是孩子进入了语言敏感期。当孩子的语言能力进一步提高之后，他会发现语言具有力量，尤其是具有强烈感情色彩的词汇竟然可以产生让别人生气的力量！所以孩子骂人的时候是在验证语言的威力。此时最好的应对方式就是淡定，不做出任何反应。

"冲冲学会走路以后，活动范围扩大了，喜欢的东西也越来越多了。今天我不小心把他房间的一个小盒子打翻了，里面的东西都是冲冲的'宝贝'——碎纸片、小树叶、小纽扣、黄豆粒……看到自己的'宝贝'被打翻，他迅速冲了过来，把这些东西一个一个捡起来，然后小心翼翼地放进了小盒子里。这孩子，以后不会成为'破烂王'吧？不过也好，行行出状元嘛！"

其实并不是孩子爱上了"收破烂"，而是他进入了对细微事物感兴趣的敏感期。 在这个时期，孩子开始喜欢观察和收集琐碎的事物。 如果这时候忽视了对孩子观察细微事物能力的培养，那么孩子长大以后就会成为一个粗心的人；如果对孩子的引导得当，那么孩子就会具备惊人的观察和探索能力。

冲冲妈妈的这本日记记录了孩子每一天的变化。 而6岁前孩子的成长确实可以用"日新月异"和"突飞猛进"来形容。 因为此时他们正处在一个接一个的敏感期内，在这些时期，孩子受到内在生命力的驱使，在某个时间段，会专心吸收环境中某一个事物的特质，并且不断实践。 每经历一个敏感期，孩子的智力水平就会上升到一个新的层面。 孩子在敏感期的行为是多样的，而且富于变化性，成人有时候会很难理解，无法理解的时候不妨放手给孩子一个宽松的环境，千万不要让他失去这一生只有一次的特殊生命力。

◇ 孩子每天都在变化 ◇

3个月大的宝宝正处于视觉敏感期,要多让他看一些有色彩和运动的物体。

1岁左右时,孩子进入了对细微事物感兴趣的敏感期,开始喜欢观察和收集琐碎的事物。

敏感期决定孩子的一生

大家都熟悉印度"狼女"的故事，这两个女孩子被狼群带大。当她们被带回人类社会的时候，一个七八岁，一个大约两岁。后来小一点的孩子不幸去世了，而那个大一点的"狼女"仅仅学会了几个单词，智力水平只相当于一个普通的婴儿。

在第二次世界大战时期，一个士兵在大森林里迷了路，在深山里过了20多年与世隔绝的生活。当人们把这个士兵带回人类社会之后，他只在开始的一段时间出现了语言障碍，说话的时候有些词不达意，但是没用多久他就能够顺畅地与人交流，把自己在深山中的生活讲给很多人听。后来这个士兵还娶妻生子，过上了正常人的幸福生活。

同样都是与世隔绝，为什么他们的结局会有天壤之别呢？其中的奥秘就在于儿童的"敏感期"。"狼女"所有重要的敏感期都是在狼的世界度过的，所以即使人类想尽办法也无法让她回归社会，而她的心智也永远不可能回到正常的水平。

而那个士兵虽然在森林中独自度过了20多年的时光,但是促进他发育成长的所有敏感期都是在人类社会中度过的,那时候他的心智已经基本定型,所以只需要短暂的恢复期,他就能顺利地回归正常的生活。

这些事例告诉我们,教育的"关键期"就在儿童时代,这个时期是孩子特定能力和行为发展的最佳时期。处于敏感期的孩子对于外界的刺激有着敏锐的感觉,很容易吸收环境中的信息。

虽然儿童的敏感期现象是在幼儿的教育领域发现的,但是自然科学的研究也为这个时期的存在提供了证据。美国韦恩州立大学儿科神经生物学家哈利·丘加尼教授对婴儿大脑进行扫描后发现,婴儿大脑的各个区域在出生后会一个接一个地活跃起来,并逐渐建立起联系。科学家把大脑接收外部信息的时间段称为"机会之窗","机会之窗"会打开也会关闭,当它打开的时候孩子学习东西会变得容易、轻松,当"机会之窗"关闭的时候,学习会变得艰难。其实这个生理上的"机会之窗"就是幼儿心理学中的"敏感期"。

儿童在发育中一旦错过了敏感期,就会产生或多或少的遗憾,这种遗憾也有大有小,而且在儿童以后的成长过程中将会很难弥补。有些敏感期可以得到弥补的机会,但是需要耗费更多的精力和时间;有些敏感期如果错过了就一生都不会再有机会去学习了。在各个敏感期孩子如果受到干扰或者阻碍,就不能正常使用他们身体的各种功能,相关的功能可能就会丧失或者发育得不好。可见敏感期的作用是举足轻重的,它对孩子的一生都会产生影响。

敏感期是自然赋予孩子顺利成长的生命助力,为人父母者与其逼着孩子痛苦地学习某些技能，不惜一切代价让孩子赢在起跑线上，不如耐心地等待孩子敏感期的到来，让他们遵从心灵导师的指引，自发自主地快乐学习和成长。抓住敏感期，不仅会让学习变得轻松愉快，而且事半功倍。

◇ 教育的关键期在儿童时代 ◇

教育的关键期在儿童时代，这个时期是孩子特定能力和行为发展的最佳时期。处于敏感期的孩子对于外界的刺激有着敏锐的感觉，很容易吸收环境中的信息。

视觉敏感期：视觉也需要开发吗

意大利有一个男孩，他有一只眼睛非常"奇怪"，为什么这么说呢？因为多位眼科大夫检查后得出来的结论都是一样的：在生理上，这只眼睛完全正常。但实际上，这只眼睛是失明的，看不到任何东西。

这是怎么回事呢？原来男孩刚出生的时候这只眼睛轻度感染，医生就用绷带把它蒙了起来，两个星期后才拆掉。对于成人来说，蒙两个星期的眼睛完全不会影响视觉，但是对于刚刚出生的婴儿来说这却是有着极大伤害的做法。

很多父母认为，孩子到了一定的年龄，视觉会自然而然地发育，有意识地去开发孩子的视觉根本没有必要。事实上，这种观点是错误的。无论是动物还是人，在生命的初期，大脑还处于构建的过程中。任何一种感觉的形成都需要接受一定的刺激后与大脑中的神经中枢联系在一起才能正常地发挥作用。而意大利的那个男孩却在视觉与大脑功能建立联系的时候被剥夺了接触外界刺激的权利，所以原本控制着那只眼睛工作的大脑神经也就慢慢退化了。

一般来说，孩子的视觉敏感期是从出生到6个月大的时候，父母一定要抓住这段时间，积极地开发孩子的视力。生活中，父母可以通过一些小游戏有意识地训练孩子的视觉感知能力。

比如，可以准备一个手电筒和一块纱布，晚上用纱布把手电筒蒙上，这样光线就不会太强烈。打开手电筒的同时关上房间的灯，让手电筒慢慢移动，训练孩子用眼睛追逐光线。家长们会发现这时候孩子的目光会专注地留在光束上。不过这个游戏不应该玩得太久，当孩子对光束失去兴趣的时候，就应该停止。

需要提醒父母的一点是，游戏应该是在轻松的氛围中进行的，父母千万不要急功近利，为了训练孩子而强迫孩子做游戏。类似的游戏有很多，父母可以多发现，多尝试。

悠悠家卧室的一面墙上贴了两排CD碟片。这是为什么呢？原来是有一次悠悠的妈妈带回来一张碟片，才5个月大的悠悠发现了这张碟片，十分兴奋地看了十来分钟，而且从那以后，悠悠每次看到碟片都会露出开心的笑容。妈妈看见这种情况，就翻出了十几张碟片贴在墙上，有时候还会变换一下粘贴的形状。

其实这也是培养孩子视觉的一种做法。5个月大的孩子会对碟片感兴趣是因为他们正处于视觉的敏感期，这个时候，孩子对明暗的对比十分敏感，而碟片常常会呈现出不同的颜色、明暗，还能够折射很多物品的影像，而这一切都能吸引孩子的注意力。孩子的视觉范围稍微扩大之后，家长们都可以采用这个办法来培养孩子的视觉。

除此之外，为了开发孩子的视觉，家长还应该为孩子创造更丰富的视觉环境。一位妈妈分享了培养孩子视觉的经验：

我家孩子的婴儿床是可以调节角度的。孩子4个月的时候我就经常为他的婴儿床变换不同角度，这样，孩子就能够看到周围环境中更多的事物。除此之外，我还在他的床里挂了一些小玩具。里边有一个很特殊的洋娃娃，它的头很大，五官没有进行任何的艺术夸张和变形，我常常用这个娃娃来教孩子认识人的五官。我会指着娃娃的鼻子说："宝宝，这是鼻子，宝宝和妈妈都有鼻子。看，这个是妈妈的鼻子。"然后我又会指着孩子的鼻子说："这是宝宝的鼻子。"这个时候，孩子总会非常开心，"啊啊"地回答我。

其实，对于半岁之前的孩子来说，当他的视觉能力得到发展之后，最先引起他兴趣的就是人的五官。当然，当孩子开始对五官感兴趣的时候，镜子也是一个非常有用的道具。当孩子看到镜子后，他会凑上去看镜子里的自己，父母可以在镜子前教孩子找到五官，这不仅有利于孩子视觉的开发，而且还能帮助孩子了解镜子里的人就是他自己，提高孩子的认知水平。

一位妈妈曾经在女儿的床边放了一面镜子，孩子一觉醒来总是会先去寻找镜子,有时候还会翻个身去照镜子。后来这位妈妈发现自己女儿的翻身和抬头能力明显高于同龄人。

孩子稍大一些之后,父母可以让孩子去接触各种形状的东西,比如一些瓶瓶罐罐、勺子、餐盘等等。虽然他可能并不知道这些东西是用来做什么的,但是让他去接触这些东西,很大程度上能提高他的视觉注意力。

人们常说"眼睛是心灵的窗户"。视觉是其他感觉的基础,只有打好视觉基础,孩子的触觉、听觉才能更直接、更具体,也更敏锐。所以家长们一定要抓住孩子视觉发展的敏感期,利用各种方法和道具培养孩子的视觉能力,进而提高孩子的认知能力。

1. 宝宝看的是光影交错

教育大师蒙特梭利曾经讲述了这样一个生物学案例:

雌性蝴蝶总是把卵产在安静又隐蔽的地方,但是刚出生的幼虫却总是爬到树顶去吃嫩叶。为什么会这样呢?难道幼虫一出生就知道长在树顶的嫩叶最好吃吗?后来生物学家做了一个实验:把树梢上的嫩叶采下来放到蝴蝶卵所在的地方,但是孵化后的幼虫仍然努力地向树顶爬去。

不久生物学家终于揭开了谜底:蝴蝶幼虫的行为完全是因为光的刺激。当幼虫出壳后,对光的敏感让它们马上就朝着最明亮的地方爬去。当幼虫对光的敏感消失之后，它们所吃的嫩叶就不限于树梢上的了。

其实这就是视觉敏感期的作用。不仅仅是蝴蝶的幼虫存在对光的敏感期，刚刚出生的婴儿也存在对光的敏感期，这是视觉敏感期的开始。

意意一个多月的时候，妈妈抱着他在楼下晒太阳。妈妈忽然发现他一动不动地盯着爬山虎的叶子看，妈妈高兴地想："这么个小不点就对叶子这么感兴趣，将来没准能成个植物学家！"

第二天，妈妈又带着他来到楼下，发现他还是盯着叶子看。妈妈抱着他换了个位置，但是他马上到处寻找那些叶子，直到找到了才安静下来继续盯着叶子看。妈妈很奇怪，就顺着他的角度看过去，这才发现了他的秘密：原来他是在看阳光透过叶子投下的斑驳的光点。

出生后的第一个月，孩子大部分时间都是在睡眠中度过的，在这个时期，他们唯一的"爱好"就是睡觉，很少对其他事物产生兴趣。但是随着时间的推移，孩子睡觉的时间明显减少了，他们经常会盯着一个地方看很长时间，连吃奶都变得不专心了，总是这看看那看看。当妈妈手里拿着玩具在他面前晃动的时候，他已经学会把注意力放在这个玩具上了。

小文3个月了，爸爸妈妈已经开始对他进行视觉训练了。有一天，妈妈手里拿了几个五颜六色的气球，心想：

"彩色的气球一定可以吸引孩子的注意力,锻炼他的视力。"出乎意料的是,当妈妈把彩色的气球拿到孩子跟前时,孩子并没有显示出任何开心的表情,甚至没看两眼就转头去看别的东西了。

而当爸爸把几个白底黑点的气球放在小文眼前时,小文的表现则让妈妈大跌眼镜,他看到这几个气球非常兴奋,伸手就去抓,抓到后就躺在小床上乐呵呵地玩了起来。

这是因为婴儿的视力发展并不完善,他们的眼睛只可以看到模糊的、明暗相间的世界,所以很多时候色彩鲜艳的气球反而吸引不了孩子的注意,对孩子的视力发展也没有太大的帮助。如果父母仔细观察的话,还会发现孩子对从门缝中射进来的灯光或者窗外照进来的阳光非常感兴趣,有时候甚至会伸出小手去抓那道光线。此外孩子还对黑白照片、黑白相间的衣服有着浓厚的兴趣。因此对于处于视觉敏感期的孩子来说,那些色彩鲜艳的玩具远不如那些黑白对比强烈的东西或者光影有吸引力。

随着年龄的增长,孩子慢慢可以看清楚他周围的事物了,比较明显的是,他开始能够认出妈妈或者其他照顾他的人,并且会有选择地看周围的人。

随后孩子不仅能看清周围的物体,还能看到远处的事物,他们的视线范围在不断扩大。这是家长锻炼孩子视力和认知能力的最佳时期。这个时期,孩子长时间盯着某个物体看的注意力和精神是孩子认知能力的基础,家长可以抓住这一时间段用语言来激发孩子的视觉和认知能力。比如孩子们吃手的时候，会把手拿出来看一会儿再吃，趁着这个机会，妈妈可以拿着孩子的手在他眼前晃，告诉他这是他的小手，是用来抓东西的。家长还可以准备一些放大的照片给孩子看，一边看一边告诉他这些是什么东西。

虽然孩子暂时听不懂父母的话，但是这有什么关系呢？当父母不停地重复描述某件事情或者某个物体的时候，孩子就会慢慢地理解你所说的话，在这个过程中，不仅孩子发展了视力，提高了认知能力，而且与父母的关系也会变得更亲近。

2. 教大宝宝认识世界的颜色

4岁的莉莉对色彩产生了浓厚的兴趣。每当她进入幼儿园的教室，她就会马上拿出自己的图画书，在上边认认真真地进行涂色。老师总是夸莉莉色彩搭配越来越协调，涂的颜色越来越好看。

莉莉回家也不闲着，画画的时候，她能够在书桌前坐上几个小时。就算妈妈喊她吃饭，她也会对妈妈说："妈妈我想涂完这幅图再吃！"妈妈知道这是女儿在享受色彩敏感期，也就没多说什么，不一会儿，莉莉涂完了，把作品展示给妈妈看完之后才去洗手吃饭。

吃过午饭，莉莉又坐在书桌前开始了下午的涂涂画画……

孩子在3~4岁的时候就进入了色彩敏感期。一开始的时候，他们非常喜欢认识各种色彩。这时候父母可以有意识地拿一些色彩鲜艳的东西在孩子眼前晃一下来吸引孩子的注意力，也可以给孩子买比较简单的 8 色或者 12 色的画笔，在告诉孩子这些是什么颜色的同时在纸上画一下，这样可以加深孩子的印象，提高他认识色彩的兴趣。

父母也可以准备一个棱镜，把它放在阳光下边，让七色光都反射在地板上，让孩子仔细观察这些色彩。要注意游戏的时间，不要让孩子失去兴趣。前边我们提到碟片可以帮助孩子提高视觉敏感性，其实碟片也可以帮助孩子认识色彩。父母可以把碟片的背面展示给孩子，变换不同的角度，告诉孩子那些都是什么颜色。注意在阳光下的时候不要把阳光反射到孩子的眼睛里。

当孩子再大一些的时候，他们就会进入触摸、感知色彩的敏感期，大多数孩子都会爱上涂色游戏。儿童心理专家指出，孩子涂色的过程也是为以后的书写打基础的过程，只有通过最开始的乱涂乱画阶段，他们的书写才会有规律。父母可以给孩子准备油彩让他们去自由地创作，当然也可以跟孩子一起投入涂色游戏当中，与孩子一起感受其中的乐趣。

不过，关于色彩的使用，父母或者老师的诱导是非常重要的。如果没有大人的诱导，孩子基本上不会使用色彩，有时候孩子画一张画只使用一种色彩。虽然父母应该引导孩子使用色彩，但是需要注意是引导孩子而不是强迫孩子。如果发现孩子只使用一种色彩，你可以用商量的口气引导他是不是再加上一种色彩更漂亮，但是千万不要要求孩子按照你的想法去涂色，那样不仅会打击孩子认识色彩的积极性，也会阻碍孩子创造性的发展。

听觉敏感期:有声音就有吸引力

4个月大的宝宝又哭了,妈妈赶紧拿出刚买的小铃铛,在宝宝面前摇晃起来。清脆的铃声传了出来,宝宝就像得到命令一样,立刻停止了哭泣,眼睛开始跟着妈妈手中的小铃铛四处乱转。

妈妈继续摇动铃铛,孩子继续目不转睛地看,妈妈看着宝宝这么认真,就对宝宝说:"宝宝,这个是小铃铛,会响的小铃铛。"说完又摇了一下铃铛。这时候,孩子的小手开始伸出来,向着铃铛抓去。

还有一个孩子非常奇怪,原本安安稳稳的,如果房间里突然没了声音,他就会哇哇大哭。妈妈发现了这种情况之后,以后当她在房间里做事的时候就会故意发出一些声音,或者自己哼唱一些儿童歌曲。每当房间里有声音的时候,孩子就会安安静静的,不再哭泣。

从故事中,我们可以看出,孩子其实是很喜欢有声音的环境的。很多父母为了给孩子一个安静的生活环境,说话总是细声细语,走路也总是悄悄的,其实这是完全没有必要的。

让孩子生活在正常的环境中是最有利于孩子成长的，这样他就不会对家里过于安静的气氛感到恐惧。

孩子刚出生的时候，视觉与听觉是分开的，互不干涉，对外界环境的刺激不能做出一致的反应。但是在孩子0～2岁的时间段，既是其视觉发育的敏感期，也是其听觉发育的敏感期。所以在这个时期，爸爸妈妈应该有意识地给孩子提供一些刺激，这种刺激既可以训练孩子的听觉，也可以发展孩子的视觉。其实第一个故事中的妈妈的做法就很好。这样既可以同时提高听觉和视觉，也能够让这两种感觉协调发展，提高孩子反应的灵敏度。

要抓住孩子的听觉敏感期，父母可以试试以下几种小游戏。

（1）运用有声音的玩具

父母手里可以拿着玩具，把玩具放在离孩子25～30厘米的位置，一边让玩具发出声音，一边缓缓地移动玩具。当孩子听到声音的时候，他们的视线也会跟着玩具一起移动。父母要注意的是，玩具移动的速度一定要慢，如果过快，孩子的视线会跟不上，就失去了提高孩子反应灵敏度的效果。当孩子对一种声音失去兴趣的时候，父母可以换另外一种声音的玩具，或者休息一会儿再继续玩。

（2）让孩子听听舒缓的音乐

不要以为孩子小就听不懂音乐，他们同样会被美妙动听、节奏流畅的曲子吸引，所以父母可以选择一些经典的曲目来刺激孩子的听觉。但是要注意，音乐的声音不能过大，同时不要选择那些情感变化剧烈的曲子。

（3）在孩子的耳边呼唤他的名字

父母可以与孩子面对面，确定孩子把注意力放在父母身上之后，便在他耳边轻轻呼唤他的名字，当孩子向一边转头的时候，再到孩子的另一边呼唤他的名字。这样可以提高孩子的注意力和对外界刺激的反应能力。

做以上游戏时一定要注意的是，不管是父母发出的声音还是玩具或者音乐的声音，都一定要柔和动听。那种成人听到都感觉很恐怖的声音一定不要给孩子听。同时，父母不要让孩子长时间地暴露在同一种声音之中，否则孩子就会最终丧失对这种声音的敏感性。

1. 孩子喜欢"妈妈腔"

研究表明，很多孩子都喜欢听"妈妈腔"，那么什么是"妈妈腔"呢？"妈妈腔"是一种被很多妈妈发现和使用的能够促进孩子听力和智力发展的说话腔调。

> 科学家曾经做过这样一个实验：
> 他们将一个陌生女子的录音放给一些4个月大的孩子听。录音的内容分为两部分。一部分是这位女子用成人的语言对婴儿们讲话，另一部分是这位女子用"妈妈腔"对孩子们说话。研究结果发现，婴儿们听到第一部分的录音时几乎没有反应，但是当听到第二部分录音的时候，他们就会不停地转头，寻找声音的来源。

通过这个实验，科学家证明了婴儿的确喜欢听"妈妈腔"。通过进一步的研究，他们发现婴儿能辨别出"妈妈腔"的最小年龄是在5周左右。

读到这里，很多妈妈可能会产生疑问，到底怎么说话才是

"妈妈腔"呢？ 我们通过一个故事来了解一下。

一位妈妈领着两岁多的女儿到公园去游玩。她们都看到了池塘里非常漂亮的小金鱼，于是妈妈就带着孩子走近池塘，对女儿说："这是金鱼。"女儿听完了并没有表现出任何的情绪波动。这时候妈妈换了一种语调对孩子说："宝宝，你看，这些都是小金鱼，是会游泳的小金鱼。过来看看，它们是怎么游泳的？"女儿听了这一番话，很开心地凑到池塘边观察金鱼，还给妈妈表演金鱼游泳的姿势。

妈妈用的第二种说话方式就是所谓的"妈妈腔"。"妈妈腔"一定要具备以下的特点才能帮助孩子更好地认识世界和了解世界。

（1）"妈妈腔"的语速要缓慢，只有这样孩子才更容易接收你的信息。 虽然孩子的大脑拥有无穷的潜力，但是孩子在理解语言的时候还是比成人慢得多，所以想要和孩子更好地交流，就要拿出耐心，放慢语速。

（2）发音要清晰。 孩子获得语言能力都是通过模仿来学习的，所以"妈妈腔"要求字正腔圆。 这并不是要求妈妈一定要讲普通话，而是要求妈妈不管是用普通话、方言还是外语，都要发音清晰明确。

（3）语句要简短。 长句子是说给成人听的，孩子分不清主谓宾定状补，更听不懂语气变化所带来的含义变化，所以要让孩子充分理解你所说的话，就要把句子说得简洁明了。

（4）注意适度重复。 只有不断地重复，孩子才能充分地吸收你所说的内容，否则，它对孩子的大脑是产生不了刺激的。

（5）注意说话内容要具体。比如说一朵花漂亮，一定不要直接问孩子"这朵花漂亮吗？"因为以孩子的词汇量，他们还不知道什么是漂亮。父母说话的时候要具体地描述花朵如何漂亮，只有这样孩子才会循序渐进地掌握更多的抽象词汇。

另外在运用"妈妈腔"的时候，家长要注意避开几个误区。首先"妈妈腔"不是妈妈的专利，它只是描述了一种语音语调的特点。这种腔调妈妈可以用，爸爸也可以用，它并不是某一种性别的专利。另外，"妈妈腔"不是儿语。很多小孩子说话的时候会把"是的"说成"细的"、"老师"说成"老西"，这是一种错误的发音，但是父母往往觉得很可爱，常常用这种发音和孩子说话，其实这会让孩子养成不良的说话习惯，以后再纠正也会很难。

"妈妈腔"也是有有效期的。孩子6岁之后，他已经掌握了语言工具，理解力和抽象思维也有了很大的提高，如果此时父母依然用"妈妈腔"和孩子说话的话，反而会阻碍孩子的发展。

2. 让孩子的听力更上一层楼

很多父母可能有这样的经历，那就是每当夜幕降临，周围开始安静下来的时候，孩子总会时不时地问上一句："妈妈，你听见什么声音了吗？"而妈妈仔细听完之后会发现根本没有任何声音，但是孩子似乎被声音弄得烦躁不安。妈妈再仔细观察周围之后会发现，的确有着不同于以往的噪音，但是并不影响人们休息，不知道孩子为什么会这么敏感地捕捉到这些声音。

其实之所以成人听不到的声音孩子能听到，是因为我们已经非常熟悉周围的环境了，所以我们常常可以自动过滤掉一些噪音。比如我们白天工作的时候，即使外面的马路上有很多汽车经过，我们依然可以继续工作；另外我们还可以从噪音中提取我们想听到的那个声音，而孩子并不具备这样的能力，所以他们常常会被噪音干扰。而当孩子开始被噪音困扰的时候，这也代表着孩子的听力比以前提高了。

在嘈杂的环境中选择某种声音或者忽视某种声音，这也是人们听觉能力完备的一种表现。比如当父母开着音乐训练孩子听力的同时，还开着电视等其他的电器，那么孩子是无法集中注意力听音乐的。在这种情况下，家长要有意地训练孩子忽略噪音和在噪音中提取有效声音的能力。

那么怎样帮助孩子的听力更上一层楼呢？

下面是一位母亲训练孩子听力的方法：

> 为了锻炼孩子应对"噪音"的能力，我故意在给孩子讲故事的时候把电视打开。开始的时候声音很小，等到孩子适应了这种背景声音后，我会渐渐地把声音加大，直到电视的声音和我讲故事的声音相差不多。但是到了这个阶段，孩子在两种声音都存在的情况下依然能够专心听我讲故事。

其实这位母亲的做法是很科学的，她循序渐进地培养了孩子适应噪音的能力，而不是一下子把孩子放在一个被噪声环绕的环境中。需要注意的是，如果孩子被电视中的画面和声音吸引，父母应该关掉电视，因为在孩子不能专心听故事的情况下，还开着电视就可能会使孩子养成做事不专注的习惯，这样就得不偿失了。

除了以上这种方法，父母还可以带着孩子到商场或者菜市场这样比较嘈杂的场合中，锻炼孩子的听力。

◇ 抓住孩子的听觉敏感期 ◇

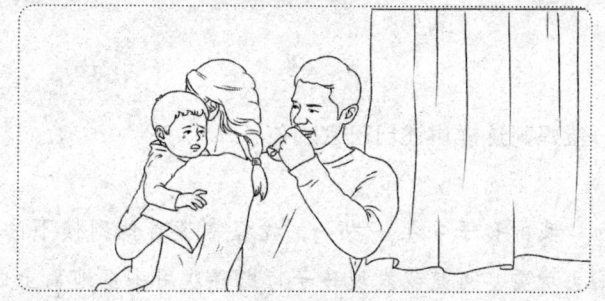

爸爸妈妈应该有意识地给孩子提供一些声音的刺激，这种刺激可以训练孩子的听觉。

不要以为孩子小就听不懂音乐，他们同样会被美妙动听、节奏流畅的曲子吸引，所以父母可以选择一些经典的曲目来刺激孩子的听觉。

口腔敏感期：口是探索世界的工具

一位妈妈这样讲述自己家的孩子：

  我的孩子今年一岁半，我经常带着他到楼下的小花园去玩耍。可是我发现孩子特别喜欢用手抠地面上的土，而且把能捡到的东西都放进嘴里。我跟孩子说过不要用手抓脏东西，更不要把脏东西放进嘴里。可是孩子就像没有听懂一样，还是见到什么就往嘴里塞什么。这样下去，我真的害怕孩子因为吃了脏东西而生病。

上面的现象并不是个例。另外一位妈妈也有同样的困扰。

  女儿14个月大的时候已经学会用手抓东西了，凡是抓在手里的东西她一定会送进嘴里"检验"。最开始的时候，连自己的手和脚也不放过。现在女儿开始了咬东西，见到什么咬什么。有些人看到女儿这样总是会忍不住阻止她，每当这个时候，孩子总会痛苦地大声哭喊，我就会走过去告诉那些大人不要打扰孩子的"工作"。

话虽如此，但是我也有自己的担心，因为女儿分不清楚放进嘴里的东西是不是安全的，所以我只能时时刻刻都盯着她，生怕她把瓜子皮、硬币等吞进肚子里。还有一次，女儿找到一个带皮的橘子瓣，想都没想就全放进了嘴里。我刚想上前帮女儿把橘子皮剥下来，只见女儿皱着眉头把橘子皮吐了出来，吃掉了橘子瓣。我笑了："看来孩子还真是用口来认识世界的！"

一般来说，孩子的口腔敏感期集中在出生到2岁这个阶段，在这一阶段，孩子会把自己的大部分注意力放在口上，但是随着年龄的增长，孩子的手和其他器官也会出现敏感期，此时口就不再是探索世界的主要方式了。

口腔敏感期持续时间的长短和孩子所处的环境有很大的关系。如果在这一时期，父母能够给孩子一个宽松的环境，让孩子尽情地去"品尝"世界，探索世界，那么孩子的口腔敏感期很快就会过去。但是如果父母强行阻止孩子，这个敏感期可能就会持续很长时间，因为孩子是通过口与外界建立联系的，如果没有建立起与外界的良好关系，那么孩子的口腔敏感期是不会停止的。

那么为了让孩子顺利度过口腔敏感期，父母可以采取哪些技巧来帮助孩子呢？

1. 吃手也是孩子的成长任务

小兰今年已是五岁的孩子了，但仍保留着吸吮手指的习惯。其父母每每看到她的这种行为就严加斥责，甚至打骂。然而，孩子仍然难以改变这种习惯，往往下意识地将手指塞进嘴中。如今，小兰的右手食指已经有一些畸形，焦虑的父母也发现一个现象，每当孩子紧张不安时就会选择这种方式慰藉自己。

在日常生活中，只要你稍加留意，就会发现身边有孩子在吃手。如果你的孩子在3岁以前，那么孩子的这种情况不必特别在意。因为有统计表明，90%的正常婴儿都有吃手的行为，特别是儿童长牙的时候，这是儿童发展过程中的正常现象。

心理学专家认为宝宝到了2~3个月时，随着大脑皮质的发育，婴儿会学会两个动作：一个是用小手在眼前摇动，眼睛会盯着自己的小手看，这是看手游戏；另一个就是吃手，因为宝宝最开始是以口来感知外界的，他们就是用这种特殊的方式来认识自己身体的各个部分的。6个月左右的孩子看见什么东西都喜欢把它放进嘴里，吃手也是同样的道理。吃手可以说是智力发展的信号。随着时间的推移，大部分孩子不用妈妈操心就可以改掉这个坏习惯，因为对他来说，这个世界更大了，他会发现更多有趣的事情。所以，6个月之内的孩子喜欢吃手并不是什么大问题。

孩子6个月到3岁之间的吃手通常是为了排解无聊。此时，吃手就是孩子的心理安慰剂。他们往往在自己的某种需求得不到满足的时候用吃手来稳定自己的情绪，这一时期的吃手现象也不需要纠正。但是父母需要反思自己是不是平时没有花足够的时间陪孩子玩耍，孩子身边的环境是不是过于单调等等。如果父母没有发现这样的问题，那么孩子吃手并不是什么大问题，自然而然就会变好。

不过心理学家进一步指出孩子在两三岁时吃手是很正常的事情，但如果到了四五岁甚至更大时还吃的话，就有些不正常了，这需要引起家长的注意。

那么，应该如何矫治孩子吃手这一习惯呢？

（1）要发现并消除环境中的紧张因素

如果父母关系紧张，经常吵架，或者对孩子要求过于严厉，经常打骂孩子等，都会加剧孩子吃手的毛病。只有温馨轻松的家庭氛围，才能稳定孩子的情绪，更有利于孩子克服吃手的毛病。

（2）家长不要暗示或强化这种吃手的行为

在孩子出现吃手、咬指甲等行为时，家长就叫嚷："看，他又在吃了！"这样做，不仅不能帮助他克服这种毛病，有时候反而会让情况恶化。当他听到叫嚷时会感到紧张，越紧张，就越会不由自主地咬起来。因此，家长不要总是神经质地监视他。

（3）父母要在孩子吃手的时候分散、转移他的注意力

可以培养他的兴趣，总是让孩子有事可干，如画画、搭积木，也可以让他帮助父母干点家务，这样孩子吃手的时间就会逐渐减少，而这种不良的行为习惯也可能最终消失。

（4）如果以上的方法都不奏效，可以试试"厌恶疗法"

在孩子的手指上抹上一些胡椒粉，让他吃手的时候产生难受的感觉，最终他会对吃手产生一种厌恶感，这样可以减少或消除这种不良行为习惯。不过需要注意的是，这是下下策，父母最好耐心地帮助孩子克服吃手这种行为。

2. 糖是甜的——给孩子最直观的味觉认知

味觉是孩子出生时最优秀的感觉之一，它同样是孩子认识外界事物、探索世界奥秘的重要途径。不过味觉很多时候都需要嗅觉的辅助，所以很多时候两者是密不可分的。

长期以来，人们一直认为味觉对于孩子的心理和生理发展不像视觉和听觉那样重要，但是最近的研究结果表明，味觉是人类最初维持生存、防御危险的重要手段，所以训练孩子的味觉同样非常重要，对味觉的训练同样能够促进孩子感官功能的全面发展。

田田出生后，妈妈身体没有恢复好，所以不能给孩子进行母乳喂养，只能给她吃配方奶粉。后来妈妈听朋友说另外一种奶粉质量很好，于是就打算给孩子换换。可是不管用什么办法吸引她，田田就是不肯喝新奶粉。田田妈妈把自己的苦恼和其他的新妈妈们进行交流，这才发现原来并不是田田很挑剔，很多孩子都出现过同样的状况。那些妈妈教给田田妈妈一个好办法，那就是按照每天递减原有奶粉的比例冲调奶粉给田田喝，让孩子逐渐接受新奶粉的味道。

香香最喜欢吃妈妈做的馄饨，每次都能吃上好几个。最近，妈妈为了让女儿能够摄取更多的营养，也为了给女儿换换口味，于是给孩子做了羊肉香菜馅的馄饨。谁知刚吃了一口，女儿就把嘴里的东西吐了出来说有股怪味道。后来女儿就学会了给妈妈做的菜挑毛病，不是咸了就是淡了，要不就是有股怪味道。妈妈很奇怪，女儿以前不挑食的，这是怎么回事呢？

当孩子刚刚出生的时候，他就会以对味道的偏爱与养育者进行一种无声的沟通。这时候他的味觉已经很灵敏了，对于不同的味道会有不同的反应。婴儿时期的孩子更喜欢吮吸和吞咽一些带有甜味的东西，对于苦味、酸味和咸味的东西非常排斥。其实，这种反应对于生存具有重要意义，因为对新生儿来说最理想的食品就是略带甜味的母乳。

孩子 4 个月左右的时候才开始喜欢咸味，这也是为他开始吃非流食做准备。口味形成和味觉发育的黄金时期是在一岁以内，此时父母应该避免给孩子吃过甜或者过咸的食物。为了给孩子添加辅食做准备，父母可以让这一时期的孩子多喝一些果汁和蔬菜汁，这可以让孩子记住更多的味道并且不排斥这些味道，也可以防止孩子养成挑食的毛病。

还有很多妈妈可能会发现原本不挑食的孩子变得挑食了，就像故事中的香香一样，其实这是孩子进入了味觉敏感期。这个时期的孩子，即使是同一种食物，只要味道稍有改变，他们就能很敏锐地觉察到。有些孩子对于酸味的食品特别敏感，有些则对胡萝卜、青椒非常反感。其实父母应该在孩子敏感期的时候引导孩子尝试更多的味道，刺激他们的味觉感受。否则孩子就会排斥某种食品，严重的甚至会影响孩子一生的口味。

要给孩子更丰富的味觉感受，父母要让孩子多多品尝各种味道，并在一旁给予语言的介绍，这样孩子就会对味道形成直观的感受。比如给孩子一杯糖水，可以在孩子喝的时候，轻轻告诉孩子:"孩子,这杯水是甜的。"这样孩子就会将他所听到的声音和味觉联系起来,随着经验的积累和认知能力的提高,孩子就会逐渐学会辨别味道并理解这种味道所代表的含义。

◇ 提升孩子的味觉 ◇

宝宝,这是胡萝卜糊,很有营养的。

宝宝,这是蜂蜜水,很甜的。

父母应该在孩子小的时候引导他尝试更多的味道,刺激他的味觉感受。否则孩子就会排斥某种食品,严重的甚至会影响孩子一生的口味。

嗅觉敏感期：固定的气味带来安全感

孩子天生就有嗅觉，那么嗅觉还需要培养吗？其实这是一个见仁见智的问题。有些人可能会说虽然人的嗅觉没有视觉和听觉那么重要，但是训练过和没训练过还是有差别的；另一些人可能持这样的观点：我的孩子长大不当闻香师、调味师、调酒师……训练嗅觉没有必要。其实嗅觉的功能远远不止闻味道那么简单，它在人类出现的早期曾经起到过重要的作用。早期的人类可以依靠嗅觉来避免危险的环境和事物，嗅觉是一种凭直觉作出反应的感觉。当人吸气时，空气中的气味借着鼻黏膜上的感受器，由嗅觉神经传送到大脑中的海马叶。人类可以通过嗅觉来避免很多潜在的危险，比如很多人如果闻到不好的味道会自动避开那个环境，这就是嗅觉的功能之一。

当然嗅觉除了可以帮助人类避免危险的环境和事物，也可以帮助人们拥有一种安全感。如果到了一个气味与家里很相似的地方，人们大多数会感到放松和舒适，如果这个环境的味道与自己喜欢的味道大相径庭，人们就不自觉地感到紧张。

1. 宝宝的嗅觉很灵敏

研究表明，孩子从刚刚出生的时候就具有了一定的嗅觉功能，而且是非常灵敏的，他们能够很轻松地识别母亲的气味。

曾经有科学家做过这样一个实验，当孩子哭闹不休时，将留有母亲气味的衣服放在婴儿的枕头下面，就可以帮助孩子安然入睡。有的孩子即使在睡觉的时候，也能够轻松地辨别出躺在自己身边的是不是自己的妈妈。有人曾经做过这样的实验：一位妈妈抱着不属于自己的孩子给其喂奶，但是孩子凭着灵敏的嗅觉知道这不是自己的妈妈，所以拒绝吃奶。

小皮皮刚刚出生不久，因为妈妈忙不过来，所以外婆过来帮忙带孩子。开始的时候，皮皮和外婆很亲，但是最近不知道怎么回事，只要外婆一抱他，他就开始放声大哭。妈妈很奇怪，就仔细观察了一下，发现外婆和以前并没有多大的变化，只是这两天染了下头发而已。

其实皮皮的妈妈不知道，皮皮的变化就是因为外婆染头发所用的染发剂。染发剂通常会有很大的味道，有的时候一周都散不掉。而孩子习惯了外婆身上原来的味道，他知道那种味道没有危险，很安全。当孩子闻到陌生的味道时，孩子就会觉得自己来到了一个不安全的环境，会很恐惧，也正是这个原因，外婆一抱起皮皮，皮皮就会哭闹。

其实，熟悉的味道能够给孩子带来安全感，他知道熟悉的味道代表着安全的环境，知道自己没有危险，这样他的心情会很平和。一旦周围的气味发生了改变，他就知道自己所处的环境有不熟悉的人或物品进入,他不能判断这个人或物品是不是有危险,只能靠大声哭喊来呼唤父母保护自己。

所以,为了给孩子安全感,父母要保证孩子周围的气味相对固定。只有这样,孩子才能对周围的环境产生信任的感觉,同时这种环境也有利于亲子依恋关系的形成。

2. 教孩子认识更多的气味

正如孩子对某些图案和声音有偏爱一样,他对气味也十分敏感。当孩子闻到牛奶、香蕉等食物发出的香味时,他会深呼吸;当他闻到酒精和醋等刺激性气味时,他会扭头。在孩子出生仅一周的时候,他就会把自己的头转向自己母亲的乳房,而对其他母亲的乳房没有反应。嗅觉就像一个小雷达,时时刻刻搜索着美好的感受和安全的环境,并且指导他远离可能造成伤害的物质。因此,对于嗅觉的训练是有必要的。如果孩子的嗅觉发育不健全,本来可以嗅出的味道不能辨别,这不仅会使孩子反应迟钝、辨别力差,也有可能让孩子对潜在的毒气、毒物、危险品不够警觉,最终不能及时回避、逃离,严重的可能会有生命危险。

训练嗅觉的关键就是要让孩子对于潜在的危险气味有一种本能的警觉,一旦嗅到气味不对,就应该迅速逃离。当父母带着孩子出去玩的时候,首先要带着孩子深呼吸,闻闻周围的气味,如果周围的气味不正常,那么就要带着孩子马上离开。时间长了,孩子就会对气味形成警觉性。

为了提高孩子嗅觉的灵敏度,父母要在孩子出生早期就开始有意识的嗅觉训练,给予孩子更多的嗅觉刺激。实验表明,孩子在出生 1 个月之内就已经拥有灵敏的嗅觉了,此时他们的嗅觉系统非常发达，能够分辨出不同的气味，一点点特殊的气味都能引起孩子的注意。7个月大的婴儿开始能够分辨出芳香的气味，但是要很好地辨认各种气味，要到2岁左右才可以。

在孩子1个月的时候，父母可以把孩子抱在怀里，让孩子闻闻不同的香水味。首先把一种香水放在孩子的鼻子下面，缓慢地移动3次，如果宝宝脸部肌肉抽动，就是他对这种气味有了反应。另外也可以在孩子洗澡的时候，让他闻闻香皂、爽身粉的味道，并且要告诉他这是什么味道。

等到孩子稍微大一点，可以让孩子闻各种鲜花的香味。等他熟悉了这些味道之后可以把孩子的眼睛蒙起来，让他闻到花香说出花的名字。做这个游戏的时候要注意，对孩子的嗅觉训练不可能一蹴而就，所以不要一次性选择过多的花朵，而且要选择气味对比强烈的鲜花进行区别。此外，要注意孩子的体质，如果宝宝是过敏体质，要避免这项训练，否则会引起花粉过敏。父母可以开动脑筋，其实周围有很多东西可以利用，比如蔬菜水果、海鲜或者蛋糕店等一些具有独特气味的地方。

父母还可以与孩子玩"闻香识人"的游戏。可以让孩子闻闻周边亲人的味道，然后蒙上孩子的眼睛，让孩子嗅一嗅，就像听声音就知道是谁发出的一样，让孩子闻到味道就知道是谁。虽说人的鼻子没有狗鼻子灵，但是人的鼻子同样能嗅出很多气味的细微差别，不同的人有不同的味道，对人类来说，这并不是不能区分的。

其实训练孩子嗅觉最好的场所就是大自然了，父母要抓住一切机会让孩子认识各种不同的味道。爸爸妈妈可以经常带着孩子去户外闻闻花草树木的气味，以及泥土的味道，也可以到海边感受一下略带鱼腥的味道。只要走入大自然，来自大自然的种种味道一定能够给孩子的嗅觉带来全面的冲击。

还有研究显示，用鼻子来呼吸可以提高脑部对气味的灵敏度，使脑电波波动幅度变大，这也会使脑部的运作更灵活。鼻子不通畅的人，气体无法上传到嗅觉细胞，所以可能会暂时或长期地失去嗅觉，这会影响注意力和记忆力。所以父母要提醒孩子用鼻子呼吸，改掉他们用嘴呼吸的习惯。

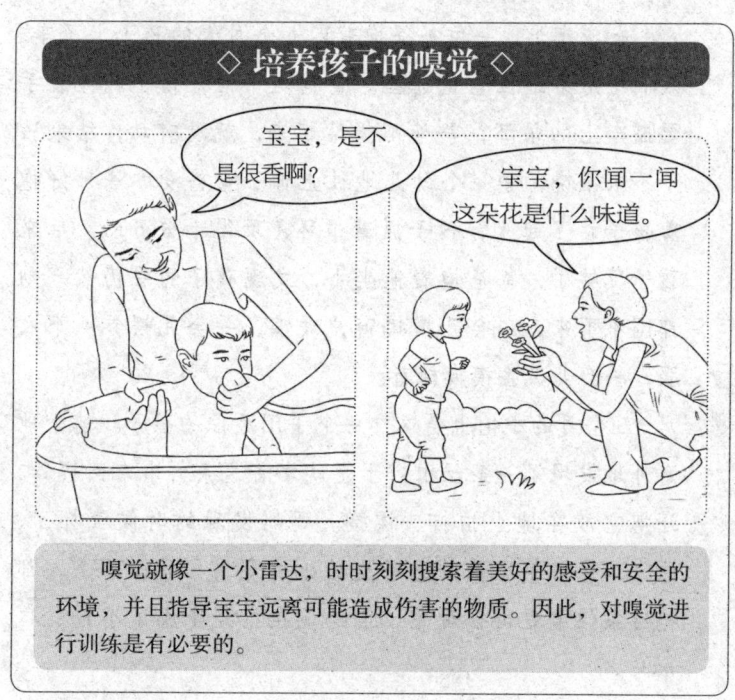

◇ 培养孩子的嗅觉 ◇

宝宝，是不是很香啊？

宝宝，你闻一闻这朵花是什么味道。

嗅觉就像一个小雷达，时时刻刻搜索着美好的感受和安全的环境，并且指导宝宝远离可能造成伤害的物质。因此，对嗅觉进行训练是有必要的。

触觉敏感期：让孩子的双手自由舞动

公交车上，一位爸爸抱着四五个月大的孩子上了车。人们纷纷给这位爸爸让座。爸爸坐下后，孩子就伸着手要抓车上的吊环，爸爸不想站起来，就没有动，结果孩子不依不饶，手一个劲儿地往上伸。爸爸没办法只好抱着孩子站了起来，孩子抓着吊环，玩得十分开心。后来孩子玩够了，爸爸抱着他坐下，发现孩子的手仍然一刻都闲不下来，一会儿摸摸窗户玻璃，一会儿摆弄一下衣服，一会儿又去摸摸椅背。

6个月的小伦也是这样一个手闲不住的孩子。前天他意外地发现了一条丝巾，于是就拿着这条丝巾来回挥舞，还把它放在地上拍打、揉搓。妈妈发现的时候气坏了，原来这是当年小伦的爸爸送给她的定情信物，两个人都把这条丝巾看得很贵重，但是现在已经变成了小伦的口水布。

前面我们说过孩子认识世界时，最开始使用的工具是口。通过口与物体的亲密接触，孩子慢慢知道了什么是可以吃的什么是不可以吃的，一般 0~8 个月的孩子就能准确地使用口。实际上孩子不仅可以用口来认识世界，也可以用口来唤醒身体的其他部分。当孩子第一次把手放到嘴里的时候，其实就已经唤醒了手的知觉，从那时候开始他们就在尝试着用手来探索世界。

等到孩子口的敏感期过去，他们使用手的敏感期就来了。这时候的孩子总是一刻不停地挥舞着双手，见到方的就捏、见到圆的就按、见到线就拽、见到扁的就扔。有时候他们会把手放在物品上摸一下，然后握紧拳头，再张开，在家长眼里很无聊的动作，孩子就能一下玩上几个小时。其实这在大人看来是一个非常简单的动作，但是对孩子却有着特殊的意义。这是他们用手去捕捉事物、认识世界的一次次尝试，在不断尝试的过程中，孩子不仅通过摸、揉、扔、拽的动作感知了这些物体，而且在这个过程中他们了解到手是自己的一部分，具有很强大的力量，同时也在这个过程中增加了其手的灵活度。

父母要充分尊重孩子的用手敏感期，抓住这个时机提高孩子的触觉敏感度。首先父母要给孩子用手探索的自由。我们中国有个成语叫"心灵手巧"，父母要知道，孩子手的活动不仅仅是手的活动，它还与孩子的智力发展水平紧密相连。如果父母对这些不了解，不仅不给孩子用手的自由，还人为设置很多障碍的话，就相当于剥夺了他认识世界的机会。

父母还要开动脑筋，给孩子提供尽量多的物品，可以给孩子准备一些不怕摔的东西。孩子喜欢摔东西并不是有意给父母找麻烦，而是他们发现了手的新功能，那就是手不仅能够抓东西，还能扔东西，这对他们来说是一个重大的发现，所以他们要不断地验证手的功能，借此来表明自己力量的强大。

现实中我们常常可以看到有些人非常善于做一些细活，比如缝纽扣、绣十字绣之类的，但是有些人却在面对这些东西的时候显得十分笨拙，有的甚至连穿针都不会，这就是因为每个人手的灵活性有差异，这与其在手的敏感期时所处的家庭环境有很大的关系。

1. 宝宝爱上黏糊糊的世界

兰兰是一个很爱吃香蕉的孩子。不过妈妈最近发现，香蕉对于兰兰来说已经不仅仅是食物了。在兰兰的眼里，香蕉已经成了最有趣的玩具。原来最近妈妈在喂兰兰吃香蕉的时候，当香蕉只剩一点点，她便挥舞着双手向妈妈扑过来，用手紧紧地抓住了最后的那一点香蕉，然后用手捏了起来。不一会儿，整个手上就糊满了香蕉。

第二天，妈妈为了防止兰兰故技重施，就把最后一点香蕉放进自己的嘴里吃了。这一下，兰兰可气坏了，张开嘴就哭了起来。妈妈没有办法，只好给兰兰重新剥了一根香蕉递给她。兰兰一下就不哭了，接过香蕉就用手捏了起来。看到香蕉被捏成糊糊一样的东西，兰兰开心地拍手大笑。

从那以后，妈妈喂兰兰吃香蕉的时候总是会把最后的一点点留给兰兰，让她尽情地用手去捏。

跟兰兰相比，因因的爱好更加"可怕"。她的"怪癖"是从一次失手把鸡蛋打碎开始的。那次她不小心弄碎了一个生鸡蛋，然后就试探地摸了摸里边的蛋清，这个发现让她很开心，她抓了满手的鸡蛋清给妈妈看，似乎是在向妈妈宣告一个重大发现。从那以后,因因就爱上了把鸡蛋打碎。妈妈无奈之下只好把鸡蛋放在高处,防止女儿搞破坏。

读到这两个故事,可能很多家长都会产生共鸣:"我们家的孩子七八个月的时候也是这样的,他们也喜欢这些黏糊糊的东西,喜欢玩香蕉、面团或者米饭。"其实这是孩子手的敏感期到来的一个明显标志。

那么,孩子在手的敏感期时为什么喜欢黏糊糊的东西呢?其实那是孩子在验证手的能力。孩子手的敏感期刚刚被唤醒的时候,他们知道了手可以抓东西,但是他们不知道手也可以改变事物,直到他们在一次偶然的机会中发现原来自己拥有改变世界的能力。

当他们抓到黏糊糊的东西的时候,他们发现这些东西在没有被手抓的时候是一种形状,抓过以后就变成另外一种形状,这让孩子产生了极大的兴趣,所以他们才会对香蕉和打碎的生鸡蛋如此感兴趣。在做这些游戏的时候,他们的脑子里在想:"哇,原来手这么神奇啊!"在这个过程中,孩子体验到巨大的满足感和成就感。在孩子处于手的敏感期时,如果在他们面前摆放两样东西,一个硬的一个软的,那么他们一般不会去碰那个硬的东西。

也许有的家长会产生这样的疑问:"如果我们没有让孩子自由体验手的功能,会出现什么样的情况呢?"一般来说,孩子手的敏感期大多数出现在0~2岁这个阶段,如果在这个时期,家长没有给孩子提供软软黏黏的东西,那么孩子的敏感期就会相应延长。有可能当孩子到了四五岁的时候,他们拒绝学习使用工具吃饭,而是直接用手抓饭、抓菜来体验那种改变物体形状的感觉。

在手的敏感期,父母还要开发孩子利用手来做精细动作的能力。那么什么是手部精细动作呢？用两个手指把细小的物品捏起来,这就是手部精细动作。手部精细动作的发展对于孩子的智力发育具有很大的促进作用,可以大大提高孩子的认知能力,而且有助于其空间感的建立。如果妈妈经常有意识地引导孩子去抓握细小的物品,不仅可以改变孩子的抓握方式,锻炼孩子指尖细小肌肉的协调能力,还能促进孩子神经系统的发育。

2. 玩沙、玩水也是触觉锻炼

小区里的健身中心有一个沙池,每天总是有几个孩子在那里乐呵呵地玩沙子,似乎总也玩不够。

有一个小朋友抓起一把细沙,让沙子从指缝间流出,落到手臂上,再从手臂上落到沙池里。这种感觉让他惊喜,他的脸上流露出难以掩饰的兴奋表情。还有个小孩子手里拿着一个袋子,他用手把沙子收到袋子里,当袋子装满以后,他立刻就会倒掉重装。另一个孩子则在角落里专心地制作什么东西,旁边一个孩子问:"你在做什么?"这个孩子回答:"做蛋糕！""那我们一起做吧！""好啊！"说完两个孩子就开心地做起"蛋糕"来了。

这些小朋友每天都在这里玩沙子,没有人干扰他们,他们也互相不干扰。

星期六上午,妈妈在打扫卫生,3岁的女儿一个人在卫生间折腾着,很安静,一点也没有打扰到妈妈干活。妈妈打扫完房间就来到孩子面前看看她在做什么。

原来女儿正在兴致勃勃地玩水,她一声不响地玩着自己发明的小游戏,先在盆里装满水,然后把自己的小鸭子玩具和所有的皮球都扔进了盆里。接着,又把这些玩具都捞了出来,放进另一个盆里,然后把原来盆里的水倒进这个盆里。就这样,来来回回,女儿玩得不亦乐乎。

前面我们说过,孩子在手的敏感期会喜欢一些软软黏黏的东西,其实沙和水跟那些东西相比有相似之处,所以他们很容易被沙子和水吸引,而且在玩沙和玩水的时候,他们会非常专注,脸上挂着满足的表情。

沙子虽然是固体的,但是会像水一样流动,它变化无常又容易被掌握,有着数不清的玩法,这在很大程度上促进了孩子想象力和创造力的发展,同时也能培养孩子的空间感。水和沙子一样也具有各种各样奇妙的玩法。所以孩子总会把沙子和水融为一体,在它们之间寻找更好的玩法。孩子们对水的兴趣甚至会持续到12岁。

父母要理解孩子这种喜欢玩水玩沙的行为。你可以回想一下自己小时候,肯定会回想起一些玩泥巴玩水玩沙的经历。即使是现在,我们到海边或者河边,总是会情不自禁地脱鞋感受细沙和水流,这其实就是在最大程度上亲近自然,感受沙与水的魅力。所以父母一定要理解孩子的玩沙玩水行为,要允许他们去玩,不要担心孩子的衣服被弄脏。与发展孩子的天性相比,衣服弄脏算得了什么呢?

有些孩子很喜欢玩水，有的时候父母会发现孩子正在玩尿。其实，父母完全没有必要过于担心孩子的心态，因为在孩子眼里，尿跟水是没有区别的，尤其是孩子把尿尿到土上的时候，他们可能还会非常开心地玩尿泥。

◇ 培养孩子的触觉 ◇

你这是在做什么呀？

我在建城堡。

沙子虽然是固体的，但是会像水一样流动，它变化无常又容易被掌握，有着数不清的玩法，这在很大程度上能促进孩子想象力和创造力的发展，同时也能培养孩子的空间感。

动作敏感期：宝宝的世界变大了

笑笑刚刚出生的时候就像一个布娃娃，妈妈怎么摆放就得怎么待着。但是随着孩子的抬头、翻身、坐、爬等一系列动作的完成，笑笑的世界明显变得更大了。现在她可以不用妈妈的帮助就爬到自己喜欢去的任何地方，似乎每一天都能发现新鲜的乐趣。

最近，两岁半的宁宁爱上了转圈。刚开始的时候，她是不停地围着大人转来转去。有时候也会牵着大人的手在屋里旋转。只要一转，她就会变得非常高兴。后来，她觉得拉着大人的手转圈不过瘾，于是就开始自己在原地不停地旋转。妈妈总是很担心她转晕了摔倒，但是宁宁似乎很有分寸，每当快要晕倒的时候，就找个地方扶着休息一会儿。

这种转圈的游戏在大人心里可能会觉得非常无聊，可是宁宁却玩得很开心。每次转完之后，她都会咯咯地笑上一会儿，一脸满足的样子。

两岁的丁丁最近喜欢上了扔东西。他最爱的游戏就是拼命把球扔进树丛里，然后再自己去捡回来。把球捡回来的时候,丁丁就会很开心地大笑,笑过之后就会把球换个方向扔出去,然后再去捡……

以上的几个例子中,孩子都是在训练自己的动作,属于动作敏感期的范畴。蒙特梭利曾经说过:"运动除了能够增强体质之外,对心理发展本身也起着非常重要的作用。"

当然,孩子动作的敏感期也是探索空间的敏感期。通过运动,孩子会产生空间感,形成空间的概念。就像第二个故事中的孩子喜欢旋转一样,每个孩子实际上都会出现这么一个时期,这是因为他忽然发现自己生活在一个自由的空间里,所以就选择用旋转的方式来感知这个空间。

不过遗憾的是,很多父母并不了解孩子的运动敏感期和空间敏感期的重要性,他们甚至会以为孩子是在故意捣乱。很多孩子喜欢在这个阶段爬到高处再跳下来,但是很多父母会以危险为理由阻止孩子这样做。还有些父母被孩子弄得精疲力竭之后会采用强制的方法限制孩子的行为。这些父母的做法实际上严重阻碍了孩子的正常发展,科学研究也显示这样的做法是不科学的。父母要知道,孩子喜欢爬高和跳低是因为孩子有相应的心理需求,如果父母干涉孩子的行为,那么不仅孩子的心理需求难以得到满足,而且他们动作的发展潜能也得不到正常的开发。

但是需要注意的是,父母在此时不要帮助孩子完成探索的动作,而是要在孩子身后做一个欣赏者。如果孩子在爬高的时候得到了家长的帮助,则会让他丧失安全意识,因为有了被帮助的经验之后,孩子就会觉得,以后当他需要支点或者踩空的时候,一定会有人来帮助他。产生这种错误意识后,孩子再去探索空间时便很容易受伤。

1. 宝宝爱上了爬楼梯

1岁多的鑫鑫自从学会了走路就爱上了这项神奇的运动。以前妈妈带着鑫鑫上街的时候，鑫鑫总是希望妈妈抱着他，但是自从孩子会走之后他就再也不让妈妈抱了，而且很喜欢走有坡的地方。有一次，妈妈带着他到一个商场，人很多，于是妈妈就想抱着鑫鑫乘电梯上去，但是妈妈刚把鑫鑫抱起来，鑫鑫就开始大哭大闹，非要下来自己走。妈妈把他放下来，他牵着妈妈的手就向楼梯口走去，然后一步一步地走上了楼梯。妈妈很纳闷："这孩子是怎么了？真是想不通！"

1岁半的妞妞也爱上了爬楼梯。尽管她爬得很慢，但是却一步一步爬得很高兴。每次从外面回家，妞妞都喜欢爬楼梯，所以妈妈就陪着妞妞爬楼梯。这还不算什么，关键是有时候妞妞好不容易爬上了自家的6楼，当妈妈正打算舒一口气的时候，妞妞又决定下楼。妈妈想，既然孩子的行走敏感期到了，当妈妈的也只能舍命陪君子了。

一般来说，孩子的行走敏感期会从七八个月一直持续到两岁以上。很多父母可能都有这样的经历，那就是七八个月大的孩子总是喜欢父母架着他们的胳膊让他们跳跃，每跳一次，他们就笑得非常开心。但是当父母想停下来歇一歇的时候，他们就会觉得很委屈，有些甚至大哭不止。其实这就是孩子进入行走敏感期的标志。他是在通过练习跳跃这个动作来锻炼自己的腿和脚，为行走做好准备。

当孩子处于行走敏感期的时候，他们会对楼梯产生浓厚的兴趣，不仅如此，他们对有坡的地方都会很感兴趣。那么孩子为什么会喜欢这些地方呢？这实际上一方面是孩子对空间进行探索的一种表现，另一方面也是他在培养双脚和双腿的力度，增强腿脚的功能。孩子只有反复感知，腿脚的功能才能逐渐被激发出来。当孩子处在行走敏感期的时候，父母应该跟在孩子的后面，他走你就走，他停你就停。

另外在这个时期，孩子会发狂般地爱上走路，但是由于孩子个子小，所以当他一门心思地想要去自己想去的地方时，父母不得不跟在他后边时刻准备弯腰扶他。这个时候父母会非常疲劳，但是父母一定不要厌烦，而是要耐心地保护孩子，因为如果错过了这个敏感期，会影响孩子的健康成长。

当孩子学会自如地走路时，他们还会喜欢上另外一种唤醒腿脚的方式，那就是专门捡不平的路走——有时候会专门去踩小水洼，有时候会专门踩那些又脏又乱的地方，甚至是自己的尿形成的小水洼也不放过。此时父母要尽量满足孩子的探索欲望，不要害怕孩子弄脏衣服。因为在孩子的眼里，这些地方非常有意思，能激起他们探索腿脚功能的欲望。所以这段时期，父母要学会欣赏孩子探索的行为，对他们的探索行为进行鼓励而不是横加干涉或者阻止。

另外，还有一点需要父母注意，那就是虽然孩子学会了走路，但是在他们的行走能力得到充分发展之后，他们可能会产生重新回到父母怀抱的想法。所以如果有一天，孩子走着走着忽然回过头来让你抱抱，那么你应该把他抱起来，否则会让他误以为爸爸妈妈不爱他了，从而给心灵留下严重的创伤。

2. 让孩子体会改变世界的乐趣

最近，原本喜欢户外活动的晓峰忽然喜欢上了"宅"在家里。那么他在家里干什么呢？原来他喜欢上了剪纸游戏。

他总是先拿出一张纸来折叠，折好折痕之后就拿出剪刀沿着折痕去剪纸。这个孩子的手很灵活，总是能够按照折痕把纸剪得整整齐齐的，然后他会把自己剪好的小纸片小心翼翼地装进一个塑料袋里保存起来。

娜娜今年3岁半，她前一段时间突然迷上了剪纸，不过剪得很不好。但是妈妈没有嘲笑她也没有训斥她，而是给她提供了足够的纸让她自由发挥。后来大约过了一个月，妈妈惊奇地发现女儿已经不是乱剪一气了，而是开始喜欢按照一条线来规规矩矩地剪。后来她又让妈妈给她买来剪纸的书，然后就顺着线剪出各种各样的形状，她的房间里也贴满了她的剪纸作品。

后来她对剪纸失去了兴趣，爱上了涂涂画画。开始的时候同样是乱涂乱画没有一点章法，但是现在她不仅能够按照线涂出物品的形状，而且也学会了很好地搭配色彩。

其实，孩子到了三四岁的时候会自然地爱上剪、贴、涂的动作，并且能够专心致志地做这些事情做上很久。至于他怎么来完成他的作品或者他的作品到底体现了什么样的主题，就只有孩子自己知道了。父母要做的就是给他提供材料，让他去完成这些事情，尽量不去打扰。在这个过程中，孩子能够学会使用一些简单的工具,比如剪子、小刀等。他们创作的过程也是孩子享受改变世界的乐趣的过程。

在孩子剪、贴、涂的过程中,他们提高了动作的灵活性。此时他们虽然还不能做更精细的动作,比如写字、创作一幅真正的画,但是他们做剪纸或者剪图这样的动作是不难的。开始的时候父母不要强迫孩子一定要剪成什么形状,要让孩子随意地去剪。在这个过程中孩子手的灵活性已经得到了提升,随后孩子自然而然就能够更灵活地把纸片剪成自己喜欢的形状。

孩子在这个敏感期,不仅喜欢剪纸,还会慢慢喜欢涂色。当然这也是孩子色彩敏感期和绘画敏感期的表现。为了让孩子顺利地掌握这些技能,父母可以为孩子提供一些涂色或者教孩子涂鸦的书,给孩子讲解书中的内容,指导孩子去模仿和学习。随着孩子使用笔的能力的提高,他们就会逐渐形成自己的想法,并且开始自己的创作。此时,父母不要强迫孩子画什么,也不要教孩子应该怎样画,而是要保护孩子用笔的积极性,为孩子后期学习写字打下基础。

为了提高孩子动手的兴趣,教会孩子使用更多的工具,父母还可以与孩子一起进行一些手工制作。比如可以买一些富有特色的建筑物模型与孩子一起来完成,这不仅可以锻炼孩子的动手能力,还可以增进亲子间的感情。另外,也有很多传统的东西可以利用,比如爸爸妈妈小时候常做的用饮料瓶或者易拉罐制成的装饰品,现在同样可以拿来和孩子一起游戏。其实生活中有很多东西都可以"变废为宝",爸爸妈妈不妨开动脑筋,让这些没用的东西变成孩子成长过程中的"大功臣"。

3. 爱游戏的孩子身体更灵活

孩子学会用手之后，大多数会爱上扔东西。合格的父母能够了解这是孩子敏感期的特殊行为，他们会试着包容孩子的行为，辛辛苦苦地为孩子捡东西。而优秀的父母则会让孩子的这个游戏变得更加有意义。

一位父亲是这样做的：

> 我的儿子最近爱上了扔东西，我想这不仅可以让孩子练习用手，还可以锻炼他肢体的协调性。有一天吃过晚饭，孩子又开始了扔东西的行为。我把他最喜欢的皮球放到他手里，他很开心地拿着皮球笑了笑，然后就用尽全力扔了出去。我乐呵呵地跑过去把球捡回来交给儿子，儿子看了看我，又把球扔了出去，我又去捡回来交给儿子……这样重复了十几次之后，我装作很累的样子对孩子说："宝宝，爸爸好累啊！现在咱们换个玩法，我来扔，你去捡，好吗？"儿子正玩得开心就毫不犹豫地答应了。我把球扔出去之后，看着孩子慢悠悠地走向那个皮球，然后费劲地抱起来还给我的样子，真是有趣极了！这样孩子不仅锻炼了手的灵活性，还提高了身体各个部分的协调能力。

这位爸爸的做法是很科学的。父母都可以试试与孩子玩这样的游戏。这样，孩子不仅在游戏中获得了快乐，还在不知不觉中练习了动作，提高了身体的灵活性。

当孩子开始尝试自己行走的时候，他就到了动作的敏感期。这时候他们喜欢走路，喜欢爬坡。其实父母也可以发明一些小游戏让孩子练习手脚的协调性。

星星的妈妈最喜欢与孩子做的游戏就是"模仿小动物"。她经常会选择一个温暖的周末带着孩子到动物园去观察各种小动物,回家之后她就会对孩子说:"我们来做个游戏吧,让爸爸来说一种动物的名字,咱们一起学,看谁学得像,好不好?"于是,孩子就在妈妈的带领下学兔子跳,学大猩猩行走。星星最擅长的就是学长颈鹿了,听到学长颈鹿的口令,她马上就会兴奋地趴在地上,然后四肢着地,把脖子伸得很长,爸爸妈妈每次都会被星星这个动作逗得大笑。

学习小动物的游戏也很受孩子们的喜欢。在模仿小动物的过程中,父母可以根据不同的目的说出不同的动物。比如想要锻炼孩子双脚跳的协调能力,那就可以多说一些蹦跳的小动物,比如"兔子"或者"袋鼠"等等;如果想要锻炼孩子四肢的协调能力,可以让孩子模仿一些四肢着地的动物。

其实游戏不仅可以给孩子的生活带来缤纷的色彩,对孩子的健康成长也至关重要。游戏可以让孩子在快乐中提高反应能力和肢体的灵活性,所以在孩子的成长中,父母一定要善于利用游戏这个工具。

不过父母要注意的是,我们这里所说的"游戏"是那种孩子在生活中或者户外可以全身心参与其中的游戏,而不是电脑游戏。虽说电脑游戏也可以提高孩子的反应能力,但是并不能提高孩子肢体的协调性,不利于孩子的全面发展。

孩子在游戏的时候,父母要尽量去鼓励孩子,这样才会给孩子动力。千万不要看到孩子笨手笨脚就讽刺他或者把他跟其他的孩子做比较。游戏的目的首先是给孩子带来快乐，父母千万不要本末倒置，把游戏看成是训练孩子的手段。只要孩子在游戏中玩得高兴，那就已经达到了目的。至于提高孩子协调能力的事情，那是需要时间慢慢来的，孩子不可能通过一个游戏就变成身体灵活的运动员。

◇ 在游戏中训练孩子的动作 ◇

游戏可以让孩子在快乐中提高反应能力和肢体的灵活性，所以，在孩子的成长中父母一定要善于利用游戏这个工具。

语言敏感期：感知语言，出生就开始的任务

孩子对语言的认识和最终学会使用语言这个工具是有规律的。一般来说，孩子的语言敏感期是0~3岁，这个时期可以被划分为两个阶段。第一个阶段是语言前期，这时候孩子并不会开口说话，不过家长不能因为孩子没有开口说话就忽视对孩子语言能力的培养。这个时期不要让孩子远离语言，而是要让他们时刻处于语言的环境中，熟悉和认识语言，为学习语言打好基础。第二个阶段被称作"语言期"，是孩子的1~3岁，这个时候孩子的主要任务是通过模仿练习发音和学习语言。

下面我们来详细讲述一下父母如何让孩子感知语言，为孩子开口说话打下基础。

语言的学习规律是先接收，再理解，最后是自己的表达。这就像是盖高楼，只有基础打得牢固，孩子日后的语言学习才能顺畅地发展。

在感知语言的阶段，父母要为孩子准备优良的、丰富的、多元化的语言环境。有研究表明，孩子在出生几天后就能够辨别外界不同的声音，尤其对妈妈的声音十分敏感，他们甚至

已经学会通过声音来判断妈妈的情绪。这都表明此时孩子对语音已经产生了敏感性。这时候，为了保持和进一步刺激孩子对声音的敏感程度，父母不必刻意保持房间的安静，而是应该让孩子慢慢熟悉家庭中正常的声响。在这种自然的声响中，孩子对声音的感知能力会逐步得到提高。

2~3个月的时候，孩子就有了想要"说"的意识，他们感到舒服或者高兴的时候，会发出很满足的声音，比如"啊""哦"等。孩子越高兴，发出的声音就越多，所以父母要尽量为孩子创造一个舒适的环境，这样他们就会不断地进行发音练习，这实际上是孩子学习语言的开始。此时，如果父母模仿孩子的声音会给他们带来极大的满足感，这同样可以激发他们继续学习发音的兴趣。

5~6个月的时候，孩子会对一些叠音词非常感兴趣，这时候家长可以念比如"爸爸""妈妈""哥哥""妹妹"等词给孩子听。不过需要注意的是，家长不要把所有的物品都用叠字的形式告诉孩子，比如"桌桌""饭饭"等。虽然这一时期的孩子喜欢这类叠字，但是如果长期听到这样的词，会把孩子领进语言的误区，使孩子养成不良的说话习惯。

当孩子7~8个月的时候，他们已经开始理解父母的语言了。这时候的孩子可以听到爸爸妈妈的指令后做出相应的动作，比如再见或者拍手等动作。这个时候，父母要注意抓住一切机会与孩子说话，无论是在给孩子喂饭、洗澡还是穿衣服的时候，都要一边说一边做，这样孩子就能把家长的语言和动作联系起来，还会对很多概念形成自己的认识。

有些孩子在9~11个月的时候，他已经会喊"爸爸""妈妈"，还会用手指向自己想要的东西，用摇头来表示反对。

这个时期的孩子对拟声词非常感兴趣，所以为了激起孩子学习语言的兴趣，家长可以在说话时多用一些拟声词，比如"小狗汪汪叫""自来水哗哗地流"等。孩子听到这些会非常开心，也会跟着模仿。

对于孩子来说，前语言时期是他们掌握语言的基础，这时候他们最重要的任务就是感知语言，并且练习最基本的发音。父母一定要抓住这个敏感期对孩子进行语言的启蒙训练。

1. 学习语言，从重复和模仿开始

"我的孩子正处于语言敏感期，最近她变得有些奇怪。那天我正在厨房做饭，刚刚学会说话的孩子自己在客厅里玩游戏。忽然，我听见孩子叫我：'妈妈！'于是我赶紧放下手里的活去看她。我问她怎么了，她看了我一眼，没有说话。于是我又回到厨房，没过一会儿，孩子又叫我，我跑出去看发现还是没事。就这样来来回回重复了好多次，我真不知道孩子到底是怎么回事！"

下面是一个正处于敏感期的孩子和妈妈之间的对话：

妈妈："宝宝，我们去花园里吧？"

孩子："宝宝，我们去花园里吧？"

妈妈："你真淘气！"

孩子："你真淘气！"

妈妈："告诉妈妈去不去！"

孩子："告诉妈妈去不去！"

妈妈："我要生气了！"

孩子："我要生气了！"

其实上面出现的两种情况都是孩子学习语言的过程中出现的正常现象。孩子的语言基本上是从重复和模仿开始的。

大多数刚刚学会说话的孩子都喜欢重复同一个词，那么孩子为什么会出现这种情况呢？站在孩子的角度上，这种情况并不难理解。孩子刚刚开始学会语言的时候可能并不能把语言和物品对号入座，直到有一天他惊喜地发现自己说出一个词，妈妈竟然递给他一个东西，这个时候他们就知道原来自己的语言是有力量的，它可以帮助自己得到想要的东西。于是他就会开始有意识地把自己知道的语言和物品配对。就像第一个故事中的孩子一样，她叫"妈妈"，妈妈就出现了，她在这个过程中体验到了语言所带来的乐趣。这种重复的现象正是孩子进入语言敏感期的第二阶段的标志。

随后，孩子会放弃这种简单的词语重复，进入一种更高级的重复阶段，那就是模仿别人所说的话。在这一阶段，孩子就像一个复读机，别人说什么，他也说什么，别人问他话他也不懂，只是机械地重复别人的话。

也许最早的时候，孩子是模仿父母说的某一个字，或者一个词，但是随着时间的推移，他模仿的东西就会越来越多，句子也会越来越长。

不过孩子对句子的模仿通常不分场合，只要自己高兴或者感兴趣，他就会说出来。这有时候会让家长很尴尬。还有很多家长，他们会把孩子的这种行为当作是"淘气"的一种，常常阻止孩子的这种行为。其实这对孩子的语言学习是很不利的。

模仿是孩子最重要的一种学习语言的方式，也是语言敏感期的儿童常见的表现。如果家长强行剥夺了孩子模仿别人说话的权利，那么孩子语言能力的发展就会大大减缓。

所以父母在这个语言发展的关键时期，一定不要强迫孩子，要给他自由，让他随意模仿。孩子本身没有是非观念，所以这个时期他所学的话是五花八门，无所不包。有可能是动人的诗句，当然也有可能是不雅的脏话，对这些话他们都会不加选择地去重复，而且很开心。如果听到孩子学会一句诗歌，父母大多会很高兴；但是孩子嘴里说出脏话的时候，家长就很难保持平静了。其实骂人的脏话和优美的诗歌在孩子眼里并没有区别，所以父母不必很着急，也不必强迫孩子不去说。等到孩子失去对这个词汇的新鲜感，他就自然不会再说了。

当父母发现孩子喜欢模仿别人说话的时候，可以有意识地对他们进行一些语言训练。比如，给孩子读一些文字优美的故事，让孩子去模仿这种精确优美的语言，体验语言的魅力；也可以把孩子已经会说的话放进新的句子里，不断加长句子让孩子来重复。这样孩子就能从最初的单纯模仿慢慢过渡到使用语言来表达自己的想法。

2. 孩子说话晚是大问题吗

我国民间有"贵人语迟"的说法，认为说话晚的孩子会更聪明。不过育儿专家表示，这种说法毫无根据。

临床上的确有一类说话迟的孩子不属于病态，也不需要特殊干预，这种现象叫作"特发性语言发育延迟"。这类孩子在智力、听力、行为等方面都是正常的，就是说话很晚，可能到了2岁半或3岁还什么都不会说，但是这类孩子的理解能力是正常的，他们可以听懂家长的话。

这些孩子能用眼睛和别人对视，还能模仿别人的行为，并且可以通过手脚动作等非语言方式与别人自由沟通，这说明孩子能够理解大人的对话，只是还不能用语言来表达，这时候父母不必担心。只要注意在平时多与他说话，增加一些语言上的刺激，给他一些时间，他就会自己打开语言的闸门。不过需要注意的是，"特发性语言发育延迟"的诊断必须由医生做出，父母不要自己判断，以免耽误孩子的病情。

要帮助这样的孩子学会说话，父母必须要时刻注意与孩子的互动。当孩子用其他方式表示自己的情绪时，父母要积极与他互动，比如说："宝宝现在心情不错啊！""你为什么不高兴呢？"要这样不断地通过互动来刺激孩子说话。父母可以多次重复孩子能跟着说的话，慢慢教会孩子正确表达自己的想法。另外父母不要强迫孩子说话，因为这会对孩子产生负面的影响。

智力水平低下也是导致语言发育迟缓的一个原因。智力低下是指在发育期智力明显低于同龄人的平均水平，同时伴有一些行为障碍的疾病。造成智力低下的原因有很多，有些是先天性因素造成，比如遗传病、先天畸形、出生前妈妈感染病毒等等；也有后天环境因素造成，如出生时窒息、脑外伤、脑部肿瘤等；教育环境也是引起智力低下的重要原因，如教育不良、环境剥夺、情感剥夺等。父母可以大致判断一下自己孩子的智力水平，看孩子的身体发育是不是正常，玩耍能力与别的孩子是否相当。

还有一些生理上的疾病可能会引起孩子说话晚。比如听力障碍，1～2岁是婴幼儿语言发育的重要阶段，如果这个阶段听力受损，患儿接收不到任何语言刺激，必然会导致语言发育障碍。所以要提醒父母留意自己孩子的听力状况。对于初生的孩子来说，可以在他看不见的地方摇铃铛，看他有没有反应。如果一点反应都没有,就应考虑去看耳科医生。一般来说,先天性的听力丧失较容易被父母留意到。孩子长大一些之后,仍然可能会因为外界的因素导致听力受损,所以发现孩子对巨大的响声没有反应的时候,或者在看不见的地方叫他的名字,也没有引起他的注意时,也要带着孩子去看医生。不要等到孩子两三岁甚至五六岁以后,发现孩子不会说话或吐字不清,才想到带孩子去医院检查,那时已经错过了最佳治疗期,孩子学习语言的效果也不会很理想。

自闭症是造成孩子说话晚的一个原因,自闭症的孩子在行为方面往往存在明显的异常,但父母最早注意到的通常是语言方面的问题。父母非常清楚孩子的听力正常,但他就是不说话,对父母的指令也充耳不闻。有些自闭症儿童虽然可以讲话,但往往是一些无意义的、重复的或者是根本就无人能懂的语言。有人形容自闭症儿童在语言发育方面的特点是要么不说,要么乱说。

即使家长了解了以上的几种常见原因,对于非专业的人来讲,分辨孩子属于哪种情况绝对不是容易的事,所以父母一定要记住,1~2岁是孩子语言发育的关键时期,如果你的孩子到了2岁仍不说话,就一定要带孩子去医院做进一步的诊断。

3. 教孩子用语言代替哭泣

3岁的洋洋正坐在客厅里专心致志地玩一个小汽车,妈妈在厨房做饭。过了一会儿,洋洋忽然大哭起来。妈妈听见了,赶忙丢下手里的东西冲出去。她发现洋洋正在电视柜附近坐着,小手指着柜子下面,眼睛里噙满泪水。妈妈一看就明白了，是小汽车滑到了柜子下面，孩子拿不出来了。她对孩子说："洋洋告诉妈妈想要什么，说完妈妈给你拿！""汽车！"洋洋带着哭腔回答。"宝宝乖，你对妈妈说：'妈妈，我想要小汽车。'妈妈马上就拿给你。""妈妈，我想要小汽车。"洋洋听话地重复道。然后，洋洋拿到了妈妈给他的小汽车。

后来有一次，爸爸在书房看书，妈妈在卧室织毛衣，洋洋自己在客厅玩，忽然停电了，可是洋洋没有哭，只是一直喊："妈妈，快来！我怕……"

其实，洋洋面对黑暗的屋子，能够做到不哭，而是用语言表达自己，这跟妈妈的引导有很大关系。因为在平时的生活中，孩子已经养成了这样的思维方式，遇到事情先用语言表达自己的感受，或者用语言向父母求助。

在孩子进入语言敏感期的初期，他们还习惯用哭泣来表示自己心中的委屈、恐惧或者某种需求。这时候父母应该读懂孩子的表达方式，并且试着让孩子用语言代替哭泣来表达自己的想法。

父母在孩子的语言敏感期要多多鼓励孩子用语言表达自己，而不是用哭泣来引起别人注意。其实在语言敏感期，孩子不仅需要学习语言，还需要养成良好的思维方式，当然这就需要父母在日常生活中注意对孩子加强引导。

在生活中我们常常见到这样的场景：

孩子吃饭的时候不小心被烫着了，妈妈会这样安慰孩子："这饭真不好，把宝宝烫着了。宝宝不哭，我们把它倒掉！"

孩子走路不小心被石子绊了个跟头，结果孩子还没哭，妈妈就跑上前去："宝宝不疼，都怪小石子，咱们把它踢开！"

但是以上的两种场景可能会出现同样的结果，那就是孩子放声大哭。其实这就是父母误导了孩子的思维方式。在孩子学习语言的敏感期，他们不仅要学习一些具体的名称，更重要的是要学习一些简单的逻辑思维方式。在上面的两个例子中，父母就向孩子传达了错误的因果关系。孩子被烫或者摔倒，与饭或石子是没有关系的，这本是孩子自己不小心造成的，而且孩子也并没有把原因归结到其他事物上面，但是父母却自以为是地帮助孩子开脱，说了那么多"道理"，这就让孩子顿时感觉很委屈，于是就用"哭泣"来表达内心的"委屈"。

父母一定要牢记，当孩子因为某些意外觉得自己受了委屈并用哭泣来表达的时候，父母一定要理智，千万不要把责任推给无辜的人或物，而是要用语言告诉孩子真正的原因，让孩子形成正确的思维模式。当孩子学会正确思考问题时，他就不会动不动就大哭，而是会理智地用语言告诉父母自己面临什么样的问题，需要父母帮忙做些什么。

4. 让口吃的孩子变成"辩论家"

李浩是一个聪明可爱的小男孩，但他有个小毛病——说话结巴。其实，李浩开口说话挺早的，说得也很流利。可是到了3岁的时候，他突然变得结巴了。从那时候开始，李浩就接受了妈妈自创的言语矫正训练——播放教学录音让李浩模仿，但没有成效。时间长了，李浩觉得妈妈是在折磨自己，而妈妈却认为李浩"我……我……我……"地说话是故意的，于是批评、苛责，一招接一招。结果妈妈越着急，李浩就越害怕，越害怕就越结巴。后来，妈妈看到一篇相关的文章，上面说2~7岁的孩子结巴是正常的，于是就不再苛求他。果然，没有了妈妈的强制要求，李浩的结巴慢慢地变好了。在他6岁的时候，再也没有人能听出来他曾经是个"小结巴"了。

口吃不仅影响孩子语言的发育，还会损害孩子的心理健康，使他们产生心理压力，没有自信，形成孤僻、羞怯、自卑的性格。口吃的孩子情绪往往很不稳定，容易激动。他们害怕在大庭广众下讲话，害怕上课时回答老师的问题，也不愿意主动与同学交往。

口吃的症状有轻有重，这主要取决于讲话者本人。有不少口吃的人与自己的亲人讲话时不结巴；有些人在独自一人朗读时不会口吃；有的人在与人开玩笑时口吃比较轻，在开口向别人求助时口吃严重；大多数口吃患者在唱歌、自言自语、参加集体朗诵、合唱时，几乎没有口吃的现象。

虽然口吃是一种语言障碍，但是几乎每个孩子都经历过口吃的阶段，最后这个孩子到底会不会成为一个口吃的人，其实很大程度上与家庭教育有关。这是怎么回事呢？

其实说话不流畅是2~7岁儿童比较常见的生理现象。此时的孩子思维迅速发展，想用语言表达一种思想，但是往往找不到合适的词汇，于是在大脑中搜索合适词语来表达自己想法的过程中就会出现口吃，通俗点来说，就是脑子快，但是嘴跟不上。这种口吃一般只是阶段性的。在这个年龄阶段，有很多孩子开始学数数、念儿歌，但是说的技能赶不上思维的速度，以语言为基础的思维跑到语言功能的前面，所以口吃就会更加明显了。但是随着孩子语言能力的逐渐完善，这种阶段性的口吃会慢慢减少直至消失。

那么为什么有的孩子没能顺利地度过这一阶段，反而变成了真正的口吃患者呢？研究表明这与家长教育不当有直接的关系。一些父母见到孩子出现口吃现象，就会时常提醒孩子注意，最后失去耐心，演变成严厉的责备。而孩子在这个过程中就对说话产生了不安、恐惧的心理，口吃现象就会变得更加严重。而这些又会换来父母更严厉的批评。最后孩子和父母都陷入了恶性循环中，孩子也就真的成了一个口吃患者。

所以，当发现孩子出现口吃的毛病时，父母应该做到以下几点：

（1）耐心倾听，不要指责

家长要了解这是孩子成长过程中的正常现象，所以应该对此保持平静，采取无所谓的态度，一定不要严厉地责备孩子，没有必要也不必提醒"你又口吃了，要注意"，因为这些都会增加孩子的紧张情绪，使他们更加结巴。

（2）慢慢跟孩子说话

如果孩子的口吃比较轻，则不必采取任何措施，时间长了，口吃自然就会消失。如果孩子口吃现象严重，家长在同孩子讲话时，就应该降低语调，用缓和、拖长音的语气说话，这样孩子就会不自觉地去模仿这种说话方式，口吃也会得到缓解。

其实，在孩子正常的发育阶段发现孩子口吃的时候，父母完全没有必要过度紧张。当孩子的词汇量增加，思维和语言能力取得协调的时候，口吃的现象自然就会好转，反倒是那种过于紧张的父母更容易把孩子变成真正的口吃患者。

日常家教演练

1. 你了解孩子的视觉、听觉、味觉、嗅觉、触觉敏感期吗?

2. 你掌握多少训练孩子视觉、听觉、味觉、嗅觉、触觉的方法?

3. 你经常陪孩子玩游戏吗? 你和孩子之间的游戏是以户外为主还是室内为主?

4. 你在孩子多大时开始教他说话? 你会耐心倾听孩子说的话吗?

5. 在孩子进行户外活动时,你一般会用哪些方法来保护孩子的安全?

第二章

0~3岁，如何培养孩子的好情绪

情绪是婴儿交流的手段

人类的基本情绪在婴儿的生存和生长中起着十分重要的作用。情绪和语言一样，是婴儿进行人际交流的重要手段。婴儿的情绪交流是以表情的形式来传递的，情绪表达主要有面部肌肉运动模式、声调和身体姿态三种形式，婴儿用得最多的是面部肌肉运动模式，比如喜、怒、惊、恐等都是通过面部表情来传递情绪信息，声调和身体姿态都是面部表情的辅助形式。

有人将婴儿因饥饿、痛、生气而发出的哭声录下来，放给不知情的母亲听。当这些母亲听到因痛而发出的哭声时都冲进房间去看看自己的孩子是不是发生了意外，而听到另外两种哭声时，都慢吞吞地做反应。由此可见，婴儿已能用不同的哭声传达自己的情绪。

行为主义创始人华生指出，新生儿有三种非习得性情绪：爱、怒和怕。爱——婴儿对柔和的轻拍或抚摸会产生一种广泛的松弛反应，比如展开手指和脚趾，或者发出"咕咕"和"咯咯"声那样的一些反应；怒——如果限制婴儿的运动，他们就会产生身体僵直的反应，或屏息、尖叫之类的反应，有些还会出现手脚"乱砍"似的运动；怕——听到突然发出的声音会产生吃惊反应，当突然失去身体支持时就会发抖、啜泣和哭号。

情绪是性格结构的重要组成部分，许多性格特征，如活泼、开朗、忧郁、粗暴等都和情绪密切相关。随着年龄增长，幼儿在一定的、不断重复的情景中，经常体验着同一种情绪状态，这种情绪逐渐稳定后，就会成为幼儿的性格特征。大约5岁以后，幼儿情绪逐渐系统化和稳定下来。如果周围成人此时经常关心、爱抚幼儿，尊重幼儿，使幼儿经常体验到安全感和信任感，就有助于促进幼儿朝气蓬勃、活泼开朗等良好个性的形成。如果父母和教师经常要求幼儿帮助别人，关心生病的小朋友，要求幼儿相互谦让等等，孩子就能逐渐形成比较稳定的同情心和关心体贴他人的情感。久而久之，这种情感也会成为幼儿个性的一部分。故事中雯雯的哭闹对妈妈来说都是因为一些微不足道的小事，但是对雯雯来说，这是她解决问题的一种途径和控制外界环境的一种手段。

情绪不仅会影响儿童的心理健康，也能影响儿童的生理健康。在儿童发展早期，如果被剥夺了正常体验情绪的机会，儿童的身心健康和发展就会受到严重影响。儿童情绪被剥夺，缺乏父母的爱，会抑制脑垂体分泌激素和生长素。少数被父母拒绝或在孤儿院中长大的儿童，很可能有情绪被剥夺的经验，这样容易导致他们身体发育不良，动作和语言发展迟滞，对他人的微笑毫无反应，无从学习人际交往，变得沉默寡言、无精打采。

因此，在儿童生长发育的过程中，给予他们适当的关爱和情绪刺激是十分必要的。

婴儿也会"察言观色"

秋季的一天,妈妈带着9个月的清清到楼下的花园里散步。清清看到花园里有许多小哥哥小姐姐在玩,十分高兴,也跟着他们"咿咿呀呀"地乐。这时,有两个淘气的小男孩趁人不注意摘了好几朵花,碰巧被邻居张大爷看见了,张大爷生气地批评了这两个孩子。没想到当清清看到张大爷生气的表情时,突然"哇"的一声哭了,妈妈哄了好半天也不管用,只好带清清回家了,回到家后清清才不哭了。

婴儿除了能够表达自己的情绪以外,还能对他人的情绪进行辨别和做出反应。研究发现,儿童运用面部表情和分辨他人情绪表情的能力是逐步发展起来的。半岁之后,婴儿就能够理解成人面部表情的意义,并且可能利用情绪进行信息交流。8个月左右的婴儿对母亲的微笑、悲伤或无表情面孔,能显示出相应的欢快、微笑、呆视、犹豫或哭泣反应。1岁左右的孩子已经能够"察言观色":别人发怒时,孩子会感到焦虑不安,并会想离开那个环境;当别人对自己的妈妈表示温情或亲密时，孩子也会表现出深情或妒忌的行为。

婴儿能够区别不同情绪的最有力证据来自对面部表情的研究。科学家进行的几项研究表明，一个三天大的孩子已经可以模仿成年人做出高兴、伤心或者惊奇的表情。

在他们的研究中，新生儿被垂直地抱着，脸部与一个女模特的脸相距约25厘米。女模特做出以上三种表情中的一种，直到婴儿的视线移开。与此同时，观察者仔细观察婴儿并且记录婴儿的眼睛、眉毛和嘴的变化，而后猜测婴儿模仿的是何种表情。婴儿在模仿"惊奇"时张大眼睛和嘴，在模仿"高兴"时张大嘴巴，在模仿"伤心"的时候紧闭嘴唇或锁住眉毛。

尽管有一些研究者质疑这些发现，但是还是有许多研究者相信婴儿对情绪表情具备早期的敏感性，或者说，婴儿很早就能识别和模仿成人的面部表情。

在测查婴儿识别面部表情照片的能力时，研究者采用了另外一种方法，这就是习惯化和去习惯化。国内的研究者采用习惯化－去习惯化实验设计，测查了42名8～12个月的婴儿对愉快、愤怒和惧怕三种表情照片的习惯化速率以及在六种表情配对顺序下的识别能力。结果发现，多数婴儿的注视高峰出现在习惯化早期，不同年龄的儿童对三种表情的习惯化速率相同，在识别过程中不存在顺序效应。

喜怒哀乐是人类天生的一种能力，但是如果宝宝从小没有足够的情绪体验，他识别和理解他人的情绪时反应就会相对迟钝。想要宝宝对情绪"明察秋毫"，那就和他一起玩一些提高情绪反应和辨别能力的游戏吧！

（1）找一些杂志或者图书，和宝宝一起观察书里面人物的表情,让宝宝指出难过的脸、高兴的脸或者其他表情的脸。

(2)说出指令"我高兴!""我难过!"等,然后和宝宝一起扮演出不同情绪的表情。指令可以由爸爸妈妈发出,也可以由宝宝发出。指令可以由"高兴""难过"入手,进而过渡到别的情绪,并逐渐扩展,让宝宝逐渐学会用表情来表达各种情绪。

上边的两个游戏适合2岁以上的宝宝,这些游戏能够让宝宝理解不同的表情,学会以恰当的方式表达不同的情绪。

(3)罗列一些令妈妈自己或者宝宝高兴、难过的事情。如:"宝宝会自己滑滑梯了,我真高兴!""抱着你我真开心……""我的玩具不见了,我很难过。""看到你不高兴,我也很难过……"

然后可以引导孩子罗列一些可能招致其他不同情绪的事情。比如"下雨了,不能去公园玩了,真让人沮丧。""小哥哥把我的玩具抢走了,我很生气。"等等。

这个游戏适合2岁半以上的宝宝,它能够帮助宝宝理解情绪和事件之间的关系,学会体察他人的情绪。

孩子为什么会"认生"

风和日丽的一天,妈妈带着1岁半的乐乐在公园小路边的草丛中玩耍。可爱的蝴蝶从乐乐眼前翩翩飞过,乐乐高兴地晃动小手,试图用小手抓住蝴蝶,却见蝴蝶轻盈地从她的手前掠过,逗得乐乐手舞足蹈。这时,邻居家的王爷爷从远处走来,笑眯眯地对乐乐说:"乐乐,爷爷抱抱你?"说着王爷爷就伸出了双手,乐乐"哇"的一声哭了起来,推开王爷爷的手,哭着跑向妈妈。妈妈抱起她一边安慰,一边说:"这是王爷爷,怎么不认识啦?上次王爷爷抱你时,你还那么听话,怎么突然间就不乖了?"

认生不是突然发生的,它是一个逐渐显露的过程。4个月的婴儿对陌生人也笑,只是比对母亲笑得要少。他们对新奇的对象显示出极大的兴趣,不害怕陌生人。四五个月的婴儿注视陌生人的时间甚至会多于注视熟人的时间。到了5~7个月左右,婴儿见到陌生人往往会出现严肃的表情,7~9个月时见到陌生人时就感到苦恼了。

很多孩子在1岁多的时候都会出现认生现象，其实这是孩子身心发育过程中一种很正常的现象。在心理学上，人们将婴幼儿对陌生的人所表现出来的害怕反应称为怯生。过去有一段时期，人们认为怯生和依恋一样，是一种不可避免的、普遍存在的现象。但是现在许多研究表明，认生不是普遍存在的。孩子对陌生人的害怕取决于很多因素，这些因素包括陌生人的行为特点、儿童发展的状况、儿童当时所处的环境等等。

下面是引起儿童认生的几个因素：

1. 父母是否在场
如果父母抱着孩子，这时即使陌生人进来，对孩子的影响也不大。但是如果父母与婴儿有一定的距离，那么孩子就可能害怕。

2. 看护者的多少
如果婴儿只由母亲一个人看护，那么他所产生的害怕的程度可能比由许多成人看护的婴儿要高。在托儿所看护的婴儿与在家里看护的婴儿相比，前者发生认生的情况比后者少。

3. 婴儿与母亲的亲密程度
婴儿与母亲的关系越亲密，婴儿见到陌生人就越害怕。

4. 环境的熟悉性
如果自己家里进来一个陌生人，那么婴儿几乎没有认生的反应；要是婴儿在一个陌生的环境里，这时有陌生人走进来，有50%的婴儿会感到害怕。

5. 陌生人的特点

婴儿并不是对所有的陌生人都感到害怕，他们对陌生儿童的反应与对陌生成人的反应完全不同，他们对陌生儿童产生积极温和的反应，而对陌生成人感到害怕。此外，脸部特征也是引起婴儿害怕陌生人的重要因素。

6. 婴儿接受刺激的多少

婴儿平时获得的听觉刺激和视觉刺激越多，越不容易认生，这是因为儿童已习惯于接受各种刺激，所以即使陌生人出现，他们也不觉得新奇，因而不太容易产生害怕的情绪。

那么父母怎样做，才能让孩子不认生或减少认生的情况，塑造活泼开朗的性格呢？

首先要抓住孩子不认生的阶段（三四个月以下），多带婴儿到更广阔的生活天地中活动，接受丰富多彩的刺激，特别要让孩子接触各式各样的人群，熟悉男女老少的各种面孔；对于安静内向的婴儿来说，父母要有意创造与人接触的各种条件与环境。这一段时间的训练，也是决定其以后是否会认生的关键。

三四个月以后的孩子已经有了认生现象，这个时候既不要避免让他们与陌生人接触，也不要强迫他们与陌生人接触，否则会适得其反。父母可以经常带孩子到亲朋好友家串门，或邀请他们来自己家做客。但是要避免众多的陌生人七嘴八舌地一起与他打招呼或争抢着抱他的情况发生，因为这会使他缺少安全感，增加认生的程度。

到了2~3岁仍然认生的孩子，父母不要当着孩子的面经常提起他这个缺点，以避免增加孩子的心理压力。可以常带孩子到儿童游乐场，先让他与陌生的孩子交往；还可以为孩子寻找不认生的孩子做伙伴；当然，当孩子能够自然地回答陌生人的问话或有礼貌地跟陌生人打招呼时，一定要及时肯定和称赞他。

◇ 如何面对孩子的认生 ◇

在孩子不认生的阶段(三四个月以下)，父母要多带孩子接触各式各样的人群，熟悉男女老少的各种面孔。

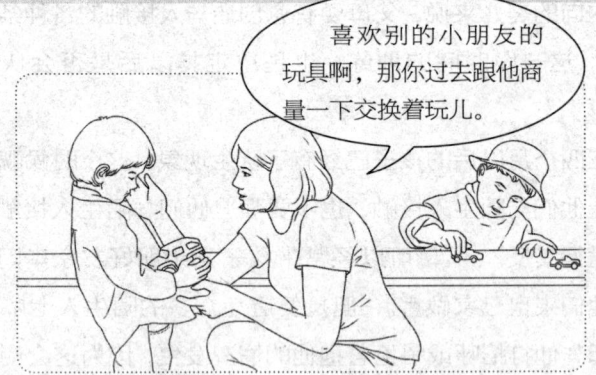

喜欢别的小朋友的玩具啊，那你过去跟他商量一下交换着玩儿。

父母可以引导孩子与不认识的小朋友交往，让孩子敢于同陌生人说话。

信任关系的最佳建立期

小石头刚刚出生几个月,现在他简直就是家里的皇帝,要风得风要雨得雨。有什么事情不满意,咧嘴一哭,爸爸妈妈马上就会在第一时间赶到,看看他出了什么状况。当爸爸妈妈帮他处理好之后,小石头就会看着爸爸妈妈,然后安静地进入梦乡。

每个父母对孩子都是极富热情和耐心的,他们总是在孩子需要的时候第一时间出现,生怕孩子受了什么委屈;孩子虽然来到这个世界不久,但是父母对他的这种超乎寻常的热情他很快就会感受到,当然他们也会用自己的"语言"来回应父母,比如哭泣、手舞足蹈或者微笑等,这些都是他们给父母的信号。父母往往在接收信号之后满足孩子的愿望。孩子就在发出自己的信号和接收父母信号的过程中逐渐产生了最初的信任感。

孩子通过自己的需求与社会发生最初的联系,他用哭声、表情、姿态来表达自己的需求,这些需求不仅包括吃、喝、拉、撒、睡等生理方面的需求,也包括爸爸妈妈的关注和抚摸的需求。如果父母能够对孩子的需求做出敏感而准确的回应，孩子就会感到周围的人和世界都是可靠的，他们就会在父母给予自己的满足中建立安全感和信任感。

不过现实中我们常常看到父母走进这样的误区：孩子平安地来到世界之后，早已经储备了很多提高孩子智商和情商妙招的父母就迫不及待地用这些方法在自己的孩子身上进行实验。对于开发孩子的智商，很多父母已经驾轻就熟，但是在提高情商方面，父母还有很多误区。爸爸妈妈总是认为只要能够给孩子足够的爱就可以了，但是爸爸妈妈忽略了孩子是有自己的发展规律的。孩子在不同的年龄段所需要的爱的内容和方式也是不同的。父母只有给予孩子需要的爱，才可以养育出身心健康的孩子。

那么在孩子生命的早期，他需要的爱是什么样的呢？心理学大师艾里克森指出，孩子在0~2岁的时候，心理发展的最重要的任务就是建立信任感，克服对世界的怀疑感。如果宝宝能够建立很好的信任感，那么就会为他长大以后的人际交往能力打下基础。

那么父母要怎样做才能充分利用这个建立信任感的关键时期呢？

首先要培养对孩子的敏感度。敏感的爸爸妈妈很容易和孩子建立信任关系。因为他们懂得孩子的需要，也知道怎样才能让孩子开心。孩子通常是在体验父母给自己的满足后感到安全并和父母建立信任感的。与父母成功建立信任感的孩子长大后大多数会具有乐观、自信的人格特征。如果父母对孩子的需求不敏感，经常让宝宝的期望落空，那么孩子就会对周围的人和世界产生不信任和恐惧的感觉，这样长大的孩子对周围的人和世界也会很冷漠，成人后大多性格悲观、多疑。

多多触摸孩子也能让孩子感觉到父母的爱意，帮助孩子建立信任感。孩子的皮肤十分敏感，他可以通过触摸来感受父母的爱。抚摸会给孩子带来安全和愉快，还能消除他的不安情绪，放松他紧张的神经。

此外，规律的生活也会给孩子带来稳定感与安全感。如果经常变化生活环境和日常作息时间，就会使孩子感到不安。所以父母要保证孩子每天的作息时间相对固定，这样可以使孩子习惯在特定的时间做相同的事情，并且能对下一个即将发生的事件做出预期。

0~2岁不仅是建立信任关系的最佳时期，而且也是建立亲子依恋的最佳时期，所以父母一定要抓住这一时期，让孩子走好迈向社会的第一步！

自己的孩子自己带

奥地利著名的生物学家康拉德·劳伦兹曾经对灰腿鹅进行了一项不寻常的实验。他把灰腿鹅生的蛋分为两组孵化。第一组由母鹅孵化，孵出的雏鹅最先看到的活动物是母鹅。后来出现的现象是母亲走到哪儿，它们就跟到那儿。第二组蛋使用人工孵化器孵化，雏鹅出世后没有让它们看见自己的母亲，而让它们最先看到劳伦兹本人。奇怪的事发生了：劳伦兹走到哪儿，小鹅就跟到哪儿，原来小鹅把劳伦兹当作"妈妈"了。

随后劳伦兹把两群小鹅放在一起，扣在一只箱子下面，让母鹅站在不远的地方。当劳伦兹突然把箱子提起时，受到惊吓的小鹅分别朝两个方向跑去：记住母亲的那些小鹅冲向了母鹅，记住劳伦兹的则朝劳伦兹跑来。

这就是生物学中常见的"印随行为"。以后又有很多科学家对此进行了研究，发现能产生印随行为的动物有许多种，大部分鸟类、豚鼠、绵羊、鹿、山羊、水牛和某些昆虫及多种鱼类都能产生印随行为。

虽然这是发生在动物界的现象,但是也给我们以启示。是什么启示呢? 那就是妈妈的工作不能由别人代替。 小动物出生之后都会本能地追随母亲,何况是有情感、有思想的人类呢? 孩子不仅需要生理上的满足,还需要母亲感情的投入。现在很多母亲都是职业中人,也许没有很多的时间和孩子朝夕相处,虽然可以请别人代为照顾孩子的生活起居,但是孩子的教育和平时的感情满足,这是一个母亲的天职,无论有什么样的理由,这个责任都不能推卸。

孩子成长的早期环境将会直接影响他成年后的社会关系,决定他与别人相处的模式。 如果他从小没有形成良好的依恋关系,那么在他日后与别人建立信赖关系方面就会出现障碍。孩子刚出生的时候,第一个本能反应就是寻找母亲的乳头,因为这是他与世界的第一个紧密、安全的联系。 一岁半之前,孩子需要和母亲亲密相处,才能建立母婴依恋的安全感。 如果这个时候,母亲不能照顾孩子,那么这种安全感将很难建立,孩子心里会充满恐惧。

后来劳伦兹又做了一个实验,他把刚出生的小鹅与外界隔离,过了几天再让别的动物去接近它,结果小鹅就再也不找妈妈了,即使母亲出现也不予理睬。 后来劳伦兹把动物出生后最初的日子里能学会"认母"的这种现象称为"母亲印刻现象",这一时期称之为"母亲印刻期"。

这个时期非常有限也很短,错过这个时期,小动物就再也不能形成"印随行为"了,以后也不可能弥补。 所以自己的孩子自己带不仅是为了让孩子得到好的教育和形成安全感,从母亲的角度来说,这也是与孩子建立感情的最好时期。 只有在这个时候对孩子进行了感情投资,孩子才可能与母亲形成亲密的关系，并把这种与母亲的亲密感保持一辈子。

此外，现在的部分母亲是把孩子交给老人抚养，其实这样做虽然自己轻松，但是却拉开了自己与孩子的心理距离，而且对孩子的成长十分不利。

虽然老年人对孩子的爱不能否定，但是他们的爱同样会对孩子产生很大的负面影响。大多数老人都喜欢安静不愿意外出，而孩子却是时时刻刻需要新鲜的刺激才能健康成长的，孩子的语言能力和交际能力也需要他们不断地与外界接触，老人带大的孩子在认识事物、探究事物上的能力有限，这会让孩子视野狭小，缺乏应有的活力，不利于培养孩子开阔的胸襟和活泼、宽容的性格。这样长大的孩子，不善与人交际，很容易产生交际恐惧症。

孩子是上天赐给母亲的天使，每个母亲都有抚育他们的责任，除了在生活上的照顾外，心理上的影响更加重要，而这也关系到孩子日后基本心理素质的养成。所以自己的孩子最好自己带，并且抽出尽可能多的时间陪伴孩子成长，这将是母亲送给孩子最好的礼物，当然也会成为一个母亲一生中最美好的回忆。

别让孩子患上"肌肤饥饿症"

相信很多人都有过这样的感受，当自己情绪低落或者不开心的时候，自己亲近的人如果能够给我们一个拥抱甚至只是拍拍自己的肩膀，我们内心的痛苦也会减少很多。产生这种感受的原因其实来自我们小时候父母给予的照顾。爸爸妈妈在孩子伤心失望的时候常常会用拥抱和爱抚来表达他们的关切和安慰。最终我们形成了这样的条件反射，那就是只要是亲近的人对我们做出这种动作，我们就会感到踏实和安慰。

其实除了条件反射之外，我们还对拥抱有着天生的依赖。很多研究都得出了这样一个结论："人类和其他的恒温动物都有一种天生的特殊情感需求，也就是互相接触和蹭摩。"这种需求被称为"肌肤饥饿"。刚出生不久的孩子对这种接触的需求更加强烈，所以从某种程度上说，小孩子喜欢大人的拥抱和抚摸是天生的，而这种来自父母的爱抚也是他们健康成长的动力。

心理学家米拉尔德的研究表明，拥抱和触摸的感觉让孩子充满活力并且使大脑的兴奋和抑制达成一种协调。所以，拥抱和触摸能够促进孩子大脑的发育，提高智商并且使他们的心态保持平和。

那么如果一个孩子长期处于"皮肤饥饿"状态会怎么样呢？研究证明，长期缺少温柔的爱抚和拥抱的孩子在身体和精神上都会出现问题。首先，孩子会出现食欲下降。许多处于"皮肤饥饿"中的孩子会出现食欲下降的现象，而因为没有摄取足够的营养，所以孩子的身体发育也会受到影响。此外，缺少肢体接触的孩子还会出现智力发育缓慢的现象。当然，长期的"皮肤饥饿"造成的最严重后果就是对孩子心理的影响。他们常常会表现出孤独和胆小的心理，有的孩子也会患上"恋物癖"，他们在正常的恋物期过后依然不能放弃身边的安慰物，总是要搂着那些安慰物睡觉。长此以往，孩子极有可能出现极为严重的恋物现象。

所以在孩子的成长过程中，父母一定要适时给予他们拥抱，避免他们产生"皮肤饥饿"。

在孩子小的时候，父母大多喜欢抱着孩子玩，这是很正确的做法。因为这会让孩子变得更加聪明，促使他们形成健康的人格。有些父母可能会说："我长时间不抱孩子，他也不会哭闹，所以我们家孩子对拥抱的需求少一些。"其实这种认识是错误的。孩子渴望被人拥抱是正常的心理需求，如果孩子对这种接触的需求不强烈，那么妈妈要注意孩子是不是有心理或者生理上的问题。还有些父母说："我总是抱着孩子的话，孩子长大后就会黏着父母，这样长大的孩子怎么能独立面对社会呢？"这种观点表面上看起来似乎很正确，但是事实上忽略了孩子的成长规律。0～1岁孩子的培养重点并不是他的独立性，而是与父母形成良好的依恋关系，此时的独立性培养只能让孩子丧失健全的人格，是一种得不偿失、揠苗助长的行为。

随着孩子渐渐长大，亲子间的接触也渐渐地减少了。很多父母不知道，青春期是孩子可能产生"皮肤饥饿"的另一个关键时期。这个时期经常被触摸和拥抱的孩子往往拥有比其他孩子更好的心理素质。同时这时候的肢体接触可以大大减少亲子间的摩擦，这对孩子顺利度过青春期大有好处。

◇ 爱抚和拥抱孩子 ◇

我们家宝宝特喜欢让人抱着他，真没办法。

宝宝喜欢大人的拥抱和抚摸是天生的，而这种来自父母的爱抚也是他们健康成长的动力。

拥抱和触摸能够促进孩子大脑的发育、智力的发展，并且使他们的心态保持平和。

日常家教演练

1. 你了解孩子不同的哭声所表达的情绪吗?

2. 你的孩子认生吗？ 你会带孩子经常接触各种人吗?

3. 你了解爱抚对孩子的作用吗？ 你会经常拥抱、触摸孩子吗?

4. 你是自己带孩子还是由他人带孩子？ 你能抽出时间尽量多陪伴孩子吗?

5. 你能准确了解孩子通过表情所表达出的需求吗?

第三章

0~3岁，如何塑造孩子的好气质

孩子气质越早了解，越好教育

　　气质，是表现在心理活动的强度、速度、灵活性与指向性等方面的一种稳定的心理特征。孩子刚出生的时候就具有明显的个性差异，这就是天赋的气质，比如有的孩子一出生就很安静，有的总是哭个不停；随着年龄的增长还会表现出更多的行为差异，比如有的孩子见到生人不害怕，总是笑脸盈盈，而有的孩子则躲在妈妈身后很久才肯与人打招呼；有的孩子遇到困难就容易放弃，有的则锲而不舍，坚持到底；有的孩子对声、光、冷、热很敏感，有的则很难感受这些环境的细微变化；有的孩子生活很有规律，有的则喜欢随性地生活……这就是天生的气质带来的不同表现。气质是人格形成的原始材料之一，两者之间的区别在于，人格的形成以气质、体质等先天条件为基础，并且受到社会环境的影响；而气质是指人格中的先天倾向。

　　气质学说最早是由古希腊的医生希波克拉底提出的，他认为人体内有四种体液：黄胆汁、黑胆汁、黏液和血液。根据这四种体液在人体内的不同比例，他把人的气质划分为四种类型：体液中黄胆汁占优势的气质类型被称为胆汁质，黑胆汁占优势的气质类型被称为抑郁质，体液中黏液占优势的气质类型为黏液质，血液占优势则是多血质。

这几种气质类型的人具有不同的行为特点。胆汁质的人性格暴躁，容易情绪激动，不过他们反应迅速，行动敏捷，能以极大的热情投身于自己感兴趣的事物中，不过一旦精力消耗殆尽，他们就会变得沮丧且一事无成；抑郁质的人情感细腻，总是会因为微不足道的原因动感情，行事孤僻，面对危险时会极度恐惧；黏液质的人动作缓慢，但是注意力持久，情绪不易激动，自制力强；多血质的人能够很快适应环境，善于交际，受不了一成不变的生活。

孩子从很小的时候就已经表现出了自己的气质类型，如果父母能够早些了解孩子的气质类型以及这种气质可能带来的人格特点，那么父母就可以有针对性地教育孩子，帮助孩子扬长避短，这对孩子早日成材大有好处。

父母首先要明确的是气质不等于人的风格和气度。人的气质可以划分成不同的类型，每一个人都有不同的气质类型，但绝大多数人都只是接近某种纯粹的类型，同时兼具其他气质类型的特点，所以家长在判断孩子的气质类型时，千万不要硬把孩子划到某一类型中去，而是应该通过观察和测定去发现孩子具有哪些气质特点。

父母在判断孩子的气质类型时，一定要了解以下几个原则：

（1）明确每个孩子都有固有的独特气质。每个孩子都具有与众不同的一面，不同的孩子对同一事物可能会出现完全不同的反应，但是他们的反应模式在一定程度上具有一贯性。

（2）气质类型在遭遇变故或者有压力时会表现得更加明

显。一个人在面对困难时的态度和反应更能体现出本质。比如当孩子因搬家如何适应新环境或者当孩子面对父母一方突然长期不在身边时的态度都能很好地体现孩子的气质特征。

（3）试图改变孩子气质的努力是徒劳的。儿童的气质与生俱来，想要改变它非常难。如果父母总是想要按照自己的期望去塑造孩子而不是根据他的天性去发展，那么结果往往是让孩子和父母都失望。

（4）父母应当顺应孩子的气质进行教育。这就需要父母明确孩子的气质类型之后调整自己的期望或要求，为孩子提供契合他的气质的生活环境。当父母的期望能够与孩子的气质相吻合时，孩子的发展前景往往是乐观的。

气质没有好坏之分

一位儿童心理医生讲述了某一天的经历：

今天有两个家长分别带着孩子来做气质测试。第一个是个小女孩，叫莎莎，这个孩子从一出生就是个人见人爱的小宝宝，从出生那天起就从来都没有像其他的小孩那样半夜哭闹不止，吃奶有规律，吃饱就睡觉，爸爸妈妈都为有这样一个省心听话的小女儿而骄傲，总是自豪地向朋友夸耀自己的孩子。不过莎莎从小就不爱运动，爬起来也慢吞吞的，像个小乌龟。莎莎的测试结果是黏液质，我告诉莎莎爸爸黏液质的气质特点决定了这个孩子很让父母省心，是比较容易养育的类型。这位爸爸听了，高兴地抱着孩子亲了又亲，好像自己的孩子刚刚得了大奖一样。

另一个是叫贝贝的小男孩，这个孩子和莎莎刚好相反，爱哭闹，经常会为了一点小事大哭不止。不过他学习爬行和走路倒是很快，比同龄人都早，而且学会了走路之后就更是一刻都安静不下来，这让妈妈头痛极了。测试结果显示，贝贝是个典型的胆汁质孩子，控制情绪的能力不强。听到这个结果,妈妈满面愁容地请教医生怎么才能让孩子安静下来。

现在的父母大多是有文化的人,很重视孩子的教育,也不会轻易放过任何能够改造孩子的机会,因此带着孩子做气质测试的父母也越来越多。 在为孩子做心理测试的时候,父母们似乎出现了这样一种倾向,听到自己的孩子性格沉稳就高兴不已,听到孩子淘气冲动就愁容满面。

其实这是完全没有必要的,气质是人的天性,根本没有好坏之分。 它只是给人们的言行涂上一种色彩,但是并不能决定一个人的社会价值,也不能依靠气质来评价孩子的道德水平。 任何一种气质类型的人都可以成为品德高尚、有益于社会的人,当然也可能成为道德败坏的人,对社会造成危害。虽然性格沉稳让父母省心,但是这些孩子也会出现固执己见的倾向;虽然孩子打打闹闹很调皮,但是他们也拥有热情似火的生活激情。 所以气质本身是一个中立的概念,并不存在好坏之分,具有独特气质的孩子在性格上没有优劣之分,都有各自的优缺点,每一种气质的人都可以通过自己的努力在不同的领域取得成就。

所以父母要尊重孩子的气质天性,只有按照天性长大的孩子才能够充分挖掘自己的潜力健康快乐地长大。 如果父母一定要逆势而为,强行改变孩子的气质,那么最后的结果极有可能与自己最初的期望背道而驰。

测测孩子的气质

请完成下面的测试,了解一下孩子属于哪种气质类型。在符合孩子日常行为的(　)内打"√"。

测试 1

(　)喜欢争辩并且喜欢压倒别人

(　)遇到可气的事情必须找到发泄出口

(　)爱看情节跌宕起伏的故事

(　)喜欢表现自己,有争当第一的倾向

(　)认准一个目标就希望尽快完成

(　)情绪高涨的时候,做事很有热情;情绪低落的时候,对什么都没有兴趣

(　)精力总是很旺盛

(　)喜欢运动量大、场面热烈的活动

(　)容易出口伤人,自己却不觉得

(　)喜欢侃侃而谈,讨厌窃窃私语

(　)做事莽撞,不考虑后果

(　)不能克制自己的感情

"√"的个数（　　）

测试2

（　　）碰到危险的时候，会处于极度恐惧中
（　　）遭遇失败的时候会感到很痛苦
（　　）感觉烦闷的时候，别人的开导也不能起作用
（　　）对新知识接受慢，但是理解之后不容易忘记
（　　）感情脆弱，一些小事就能让他紧张
（　　）喜欢独自一个人，不喜欢热闹的场合
（　　）喜欢看感情细腻，有很多心理描写的文字
（　　）有心事的时候喜欢自己想
（　　）见到陌生人很拘束
（　　）比别人更常感到疲倦
（　　）遇到事情总是优柔寡断
（　　）会避免强烈的刺激，比如尖叫、噪音等

"√"的个数（　　）

测试3

（　　）喜欢安静的环境
（　　）遇到让人气愤的事情也能控制自己的情绪
（　　）对待任何事情都认真、严谨
（　　）喜欢有条不紊地做事
（　　）不做没有把握的事情
（　　）善于克制，能够容忍别人的误解
（　　）不易激动，很少发脾气，情感不外露
（　　）与人交往不卑不亢

（　）注意力集中，不容易分心

（　）不喜欢讨论问题，喜欢动手解决问题

（　）能够长时间从事单调的工作

（　）能够埋头苦干，有耐心

"√"的个数（　）

测试4

（　）反应迅速，头脑敏捷

（　）接受任务后希望迅速完成

（　）喜欢变化大、花样多的游戏

（　）累了只需短暂休息就可以恢复精力

（　）枯燥乏味会让他情绪低落

（　）大多数情况下乐观开朗

（　）能很快忘记不愉快的事情

（　）如果对所做的事感兴趣，就能投入；没兴趣会找借口拒绝

（　）善于适应新环境

（　）讨厌做细致的事情

（　）能够同时关注多件事情

（　）善于与人交往

"√"的个数（　）

如果测试1"√"的个数最多——胆汁质孩子

如果测试2"√"的个数最多——抑郁质孩子

如果测试3"√"的个数最多——黏液质孩子

如果测试4"√"的个数最多——多血质孩子

胆汁质孩子：热情似火，行为冲动

艾伦从小就是个活泼的孩子。他的身上似乎总是充满着能量，无时无刻不闪耀着夺目的光辉。新邻居刚刚搬来的时候，艾伦就跑到他家热情地邀请邻居的孩子来家里做客；每次有人敲门，他也总是第一个跑过去开门，所以送报纸的邮递员最熟悉的人不是家里的女主人，而是孩子艾伦。而艾伦在整个街区也是出了名的受欢迎，他总是活力四射地和每一个人主动打招呼。

不过这个孩子也很让妈妈头疼。有一天，艾伦跑到妈妈跟前说："妈妈，我不喜欢我的书桌颜色，我想换一个颜色。"妈妈和蔼地笑了一下，说："孩子，你喜欢什么颜色呢？想好后我们买涂料一起来粉刷怎么样？""好！"艾伦跑开之后好久都没再来缠着妈妈。妈妈就去他房间看了一下，眼前的一切让妈妈惊呆了！原来艾伦正坐在地上，把墨水往书桌上涂。看到妈妈来了，艾伦还兴高采烈地嚷道："妈妈，你不用担心了！我觉得蓝墨水的颜色就很好！我自己来刷就好了！"

艾伦就是一个典型的胆汁质孩子，这类孩子总是热情似火，似乎身上有着用不完的能量。胆汁质的孩子喜欢运动，喜欢说话，总是能够无形之中拉近和别人的距离；另外胆汁质的孩子爱管闲事，讲义气，爱打抱不平，做事光明磊落，所以很容易交到朋友。这是他们的优点。但是胆汁质孩子的性子总是很急，做事冲动，总是不经过思考就急于采取行动，这也是他们最大的缺点。比如故事中的艾伦，他一旦做出了决定就要马上行动，几乎一刻也不能等待。胆汁质的孩子是非常容易做出决定的，而且他们会不加考虑地立刻就执行这个决定。此外所有的决定他们都希望是自己做出的，如果别人强加给他们一些要求，他们是一定会反抗到底的。

胆汁质的孩子小时候很容易生气，为他们没有达到某种目的而懊恼。比如，当你拿着一个玩具逗他，他伸手想要你却故意把玩具拿走，这时候胆汁质的孩子不会像其他孩子一样理解父母的用意，他会十分生气地大哭，直到你把玩具放在他手里为止；甚至胆汁质的孩子学写字和其他孩子都有很大区别，他们常常会因为用力过猛弄断笔头；而他们的画作也常常是浓墨重彩。

其实，胆汁质的孩子并不是"小恶魔"，他们只是无法控制自己的情绪。即便随着年龄的增长，他们也无法像其他孩子那样做出足够的思考之后再行动，他们永远急于行动。

在家长的眼里，胆汁质的孩子总是能够给自己带来积极向上、充满激情的感觉，但是也要时时担心孩子会不会行事冲动，出去闯祸。而在老师的眼里，胆汁质的孩子就是那种麻烦不断的家伙，上课的时候坐不住，总是在椅子上动来动去；老师的问题还没问完，他们的答案已经脱口而出，但是常常

"驴唇不对马嘴"；他们喜欢玩打仗游戏，而且经常会和同学动手打架。不过，如果老师给他们安排一些"领导职务"，他们就会马上放弃自己这种出格的举动，变身为一个合格的"领导者"。

其实，这并不是一件奇怪的事情，因为让他们担任一定的职务就是让他们承担了相应的责任，而这种责任就可以培养孩子的自控能力。对于胆汁质孩子来说，如果能够提高自己的情绪控制力，他们其实很具有领导才能，不仅能够热情地帮助别人，还能公平公正地处理事情，会成为特别受欢迎的孩子。

1. 训练孩子的情绪控制力

胆汁质孩子的共同特点是：精力旺盛、易冲动、情绪变换剧烈。对于胆汁质孩子来说，提高他们的情绪控制能力是最有效的解除气质枷锁的武器。那么父母要怎样才能帮助孩子提高情绪控制能力呢？

首先最重要的一点是要爱孩子。也许有的家长会说："谁不爱孩子呢？这跟提高情绪控制能力有什么关系呢？"其实这一点很重要。因为胆汁质的孩子脾气火爆，所以很多时候会让成人面对他们的时候也会不由自主地怒气冲天。对胆汁质孩子的爱要体现在尊重他们的气质，不要强迫他们去改变。虽然针对任何类型的孩子都不应该去改变他们的天性，但是胆汁质孩子被强迫的时候会出现非常强烈的反抗。另外当他们发怒的时候，父母要控制住自己的情绪，不要被孩子的情绪影响，否则只会让整个事件火上浇油，不能从根本上解决问题。

要提高孩子的情绪控制能力，就要让孩子学会冷静。父母要帮助发脾气的胆汁质孩子冷静下来，当孩子平静之后，不要当天解决问题，而是要在第二天为孩子分析整个事情的前因后果，让他们认识到自己的错误。如果当时场面失控，父母要立刻做出反应。比如有的胆汁质孩子和小朋友玩耍的时候，极有可能一言不合就动手打人，有的时候甚至会不管三七二十一拿起手边的东西扔过去。这时候父母要冲过去抱住孩子，不管他们如何挣扎都不要放手，另外还要在孩子的耳边低声安慰，平复他们的心情。

当孩子心情平复之后，家长要引导孩子思考有没有更好的解决办法。首先要告诉孩子在遇到冲突、矛盾和不顺心的事情的时候，发脾气是不能解决问题的，可以采取这样的三步来解决问题：首先，明确生气的主要原因是什么；然后，进行冷静的分析，明确哪些方式可以解决问题；最后，找出最佳的解决方式，并采取行动。

如果父母没能抑制住孩子的愤怒，那么父母也可以用其他东西来转移孩子的注意力。其实人的情绪往往只需要几秒钟、几分钟就可以平息。但是如果不良情绪没能及时转移，就会变得更加强烈。比如，忧愁的人越是往忧愁的方面想，就越会感到自己的无助；而正在生气的人越是想着让自己发怒的事情，就越会觉得自己的怒气还没有发泄出来。现代生理学的研究表明，在遇到令人恼怒的事情时，人会把不愉快的信息传到大脑里面，随后逐渐形成神经系统的暂时性联系，形成一个优势中心，而且越想越巩固；但是如果马上转移，想高兴的事，建立起愉快的兴奋中心，就会有效地抵御、避免不良情绪。

父母还要教孩子合理地宣泄不良情绪。看到孩子情绪低落的时候，父母可以抽出时间和孩子一起聊聊天，做做游戏；发现孩子要发脾气的时候，可以带他去做做运动。

2. 以鼓励为主，培养耐性

从前面的介绍我们知道胆汁质的孩子从小行为冲动，很难控制自己的情绪，属于"点火就着"的类型。所以父母在家庭教育中应该以培养孩子的耐性为主，让孩子学会三思而行，并且能够在感情爆发的时候控制住自己的情绪和行为。

缺乏耐性的孩子通常会表现出三种倾向：暴力性、依赖性以及注意力的散漫性。由于气质的影响，在胆汁质孩子的身上最常表现出暴力性和散漫性两种特质。暴力性是缺乏耐性的胆汁质孩子的最大特征。不管是谁让自己做不愿做的事情或者得不到想要的东西时，这类孩子就失控地尖叫、骂人甚至打人。他们最开始出现这种行为的时候还会自责，但是形成习惯后，这种内疚和自责就会消失，甚至连父母的劝导都听不进去，发起脾气来会更可怕。由于胆汁质的孩子易冲动，一旦做了决定就会马上实行，所以他们做事常常没有持久性，会显得注意力低下、散漫。胆汁质的人很容易分心，在做一件事情的过程中，要是出现了什么干扰，他会马上转移注意力。这种气质类型的人不到万不得已，或者是情绪亢奋，是集中不了注意力的。

儿童心理学家表示，胆汁质孩子的耐性应该从小开始培养，如果孩子没有得到正确的引导，他们长大后就可能要承受缺乏耐性的"恶果"，对于胆汁质的孩子来说，这个果实会更加苦涩，因为他们本身的气质决定自己非常容易被情绪左右，稍微有些不如意就觉得无法忍受，不能够冷静地思考解决问题的方法，不能承受挫折，最后必然会影响自己的工作和生活。

那么，在培养胆汁质孩子的耐性时父母可以采取哪些方法呢？

首先父母要以身作则，如果父母本身也是急性子，就很难去训练孩子的耐性。所以父母要注意自己在生活中的表现，要努力为孩子树榜样。

父母要在孩子的生活中灌输"等待"的概念。孩子很小的时候可能不明白"等待"的含义。比如他想喝奶的时候，很可能指着奶瓶说："喝。"这时候家长可以说："等妈妈帮你把衣服穿好再去给你倒牛奶。"对很小的孩子，父母要把抽象的"等待"变成具体的时间，同时让孩子知道实现自己的愿望是需要时间的。这就是家庭教育中的"延迟满足"。父母可以根据孩子的年龄一点点地延长让他们忍耐的时间。

其实父母也可以用一些有趣的游戏来锻炼孩子的耐心。比如积木和拼图游戏，把一个个小木块堆叠在一起，组成不同的形状，这很需要孩子有耐心，因为只要稍不小心整个作品就会垮掉；另外拼图游戏也是一个锻炼孩子耐力的好方法，把一个个混乱的图片拼成想要的形状是很需要耐心的。

父母要在孩子力所能及的范围内为他们确定目标，并让他们在为实现目标努力的时候反复用嘴说出自己的目标。实际上孩子可以通过这一方式暗示自己一定要信守承诺，实现目标。

虽然胆汁质的孩子具有强大的行动力和爆发力，但是当他们受到严重打击的时候，会陷入一种消极忍耐的境地。他们会一动不动地忍耐着，等着情形好转。所以在培养孩子耐性的时候,父母要多给孩子一些"阳光雨露",多多鼓励孩子的行为。 其实控制情绪的时候是非常痛苦的,当孩子努力刷新了自己的纪录时,父母一定要及时肯定孩子,多多给予孩子精神或物质上的小奖励。

◇ 培养孩子的耐心 ◇

宝宝,等穿好衣服再喝奶。

奶,奶。

父母要让孩子知道实现自己的愿望是需要时间的。

父母可以用积木和拼图等有趣的玩具来锻炼孩子的耐心。

抑郁质孩子：细心谨慎，敏感怯懦

3岁的浩浩长得白白净净、眉清目秀的，谁见了都说像个女孩；他的性格也是出奇地安静，平时很少出门和其他的小朋友一起玩，也不邀请其他的人来家里做客，总是喜欢一个人看书、玩玩具或者赖在家里听奶奶讲故事。浩浩很乖，哪些事情不能做，只要对他说一遍他就不会违反。家里人从来不会担心他会有什么冒险的举动。如果父母答应了什么却忘记了，他也不会大吵大闹，相反会变得更加小心翼翼，好像是因为自己不够好父母才惩罚他。

但是父母却对孩子的这种表现有些头疼，因为和同龄的孩子比，浩浩太过温顺，而且胆子很小，不仅怕狗怕猫，甚至连小白兔也不敢摸一下；浩浩还害怕上早教班，老师说他在早教班很少说话，也很少参加集体活动，被老师点名回答的时候也很不自在。

晓晓从小就是一个很敏感的孩子。她胆子一直很小，所以每天上早教班的时候都会与妈妈上演一场"生离死别"的大片。但是最近妈妈发现晓晓这种害怕上早教班的倾向更加严重了。她开始每天早晨赖着不起床,到了早教班总是抱着妈妈不让走。后来在妈妈的询问下,晓晓终于说出自己不喜欢英语课,因为老师总是说她,而且英语课还总是需要学生上去演讲,这对她来说很痛苦。于是,妈妈找到老师打听情况。老师说:"晓晓上课的时候有些心不在焉,我有时候会提醒她一下。"妈妈明白了,因为晓晓的敏感,她把老师的善意提醒当成了对自己的批评,后来妈妈跟老师讲了孩子的性格,并且拜托老师要尽量私下提醒孩子。晓晓不喜欢能够表现自己的英语课,她最喜欢的是能够安安静静地不说话,并且能够展示内心的美术课。

浩浩和晓晓都是典型的抑郁质孩子,让他们产生兴奋的感觉很难。这种类型的孩子一般都比较胆小,不爱说话,不喜欢与人交往,不适应陌生环境,一遇到陌生人就害怕。在老师叫他们回答问题的时候,他们经常需要比其他孩子更长的时间才能站起来,而且回答问题的声音也很小,让他们做抛头露面的事情更是绝对不可能的。他们受到表扬的时候也不会喜形于色,受到批评时则会默默承受,被冤枉的时候也不去辩解。虽然孩子在早教班里不唱不跳,让别人感觉有些笨笨的,认为他们没有学会,但是回家后他们又能够把学过的东西表现出来。这个类型的孩子安静、守纪律、懂道理、注意力集中,具有丰富的想象力,情感细腻,善于觉察细微的变化;缺点是胆小,缺乏与他人交往的能力,缺乏自信,敏感沉闷。

抑郁质孩子的家长要为家庭创造出轻松、快乐、温馨的气氛，要始终用特别亲切温和的态度关心孩子，热情鼓励他们参加各种活动。在孩子参加活动的过程中还会提高他们与人交往的能力。

当抑郁质的孩子犯了错误时，家长一定不要当着别人的面批评他，而是要选择在别人不注意时，轻描淡写地说明错误，并鼓励他去改正。此外还要注意自己说话的语气，一定不能流露出厌烦的情绪。

为了激发他的勇气和信心，家长要鼓励抑郁质的孩子多参加集体活动，以便增强适应能力，克服孤僻、敏感。为了帮助孩子克服不敢上台的困难，家长可以在家里创造表演、讲话的环境，帮助他做好准备，这样就能逐步提高他们面对众人的勇气和信心。此外家长还要带着孩子多多参加户外的体育运动，鼓励他们参与具有表演性的训练。

有人说过，如果抑郁质孩子教育得当，他们会是这个世界上最幸福的人，因为他们情感细腻，如果学会事事从乐观的角度去思考，他们会体验到更多的幸福和快乐。

1. 让孩子走出自己的小世界

抑郁质的孩子大多性格内向，无论做什么都喜欢一个人，不会主动与其他孩子交流，即使小伙伴与他说话，他可能也会害羞地避开。所以对抑郁质的孩子来说最重要的就是要走出自己的小世界，学会与别人沟通和交流。

有些家长认为抑郁质孩子不打架，不闹事，虽然现在不爱说话，长大之后一定会在社会的要求下改掉这种适应性差的缺点。但是如果想让孩子接受社会经验和规范，将来能够更好地适应社会，父母应该在孩子小时候就培养他们这方面的能力，而不是等孩子长大之后自己去承受痛苦，而且性格和习惯养成之后是很难改变的。

即使抑郁质孩子有很高的智商，如果没有很好地发展和锻炼出适应社会的能力，他们就会在未来的社会生活中感到难以处理人与人之间的关系，也很难和别人建立起真诚的友谊。孩子适应社会的能力在很大程度上不是父母教的，而是在与同龄的小伙伴玩耍、游戏以及交往中体验到的，所以父母要引导抑郁质孩子走进小伙伴的世界，让他在同龄人的世界中发展出健康的心理，并且纠正自己的缺陷，让自己的性格更加完美。

那么，让孩子走出自己的世界，去了解其他小伙伴的生活要从哪里开始呢？没有一个孩子不喜欢游戏，父母可以鼓励孩子参与到小伙伴的游戏中，增加交往的机会。比如当孩子们玩"过家家"的时候，可以鼓励孩子去尝试不同的角色，可以尝试扮演"爸爸""妈妈"，也可以是老师、医生等与别人交流比较多的角色。不过抑郁质的孩子刚开始的时候可能会游离在游戏之外，他可能也参与了游戏，但是他会为自己选择一个比较游离的角色，比如与别人沟通不多的"小警察"。当父母发现孩子的这种倾向时，其实不妨仔细询问孩子想要扮演的角色，然后帮助孩子开口寻求这样的角色。只要玩得开心，其他的孩子是不会在意的，不过这对抑郁质孩子却有着重大的意义。另外还可以请幼儿园的老师多关注自己的孩子，请他在孩子积极参与了集体活动的时候给予表扬，让孩子树立信心，不致在其他小朋友面前感到羞怯和自卑。

父母还要学会倾听孩子的心里话。抑郁质孩子话不多，高兴或者不高兴都不会挂在脸上。所以这也要求父母要多多关注自己的孩子，注意引导孩子说出自己的想法。当幼儿园的老师对父母说孩子在幼儿园不喜欢学习的时候，父母一定不能冲动地质问孩子到底是怎么回事，一定要仔细询问孩子出现这种情况的原因。抑郁质的孩子很少撒谎，所以当孩子说出了自己的原因，要相信他们，随后把解决问题的方法轻轻告诉他们。在整个过程中，父母一定要注意自己的语气，不要轻易责备抑郁质的孩子，因为在你责备他之前，他已在心里暗暗责备自己无数次了。而且不能当着别人的面询问，而是要私下里询问，私下里解决问题，否则会让孩子感到很受伤。

　　抑郁质的孩子有完美主义的倾向，总是会给自己很大的压力，有时候即使自己已经非常努力了，但是还是可能会与其他的孩子有一定的差距，所以父母要学会用平常心来看待孩子，适当降低自己对孩子的期望，因为当他们已经力求完美的时候，家长还要把过高的标准强加给孩子，这就很容易让孩子产生自卑感。

　　父母还要多多肯定孩子的优点，增强他们的信心。当孩子把自己与其他人进行比较的时候，父母要引导他看到自己的进步，让他学会与自己进行比较。这样他就会逐渐觉得自己其实是很能干的，自信心也就随之增强了。

　　当抑郁质孩子学会用平常心看待周围的世界，并且拥有自信的时候，让他走出自己的小世界就不再是一件非常困难的事情了。

2. 多与孩子沟通，培养自信心和独立性

　　现在这个时代的标志就是竞争，自信恰恰是竞争必备的品

质。可是抑郁质孩子最缺少的恰恰是自信心，因此抑郁质孩子最需要培养的品质就是自信心。

中国家庭教育专家鲁杰曾经说过："对孩子自信心影响最大的是家长平时的做法。而在家长与孩子的沟通中，恰到好处的语气是其中关键的一环。"那么什么样的语气才是恰到好处呢？其实最简单的标准就是父母能够在合适的地方运用商量、鼓励和信任的语气，而不要使用命令、要求的语气。即使是相同的话，用不同的语气说，也会带来不同的效果。如果父母能够长时间地用商量、鼓励和信任的语气和孩子说话，就算是再没自信的孩子，慢慢地也会信心倍增。

父母和孩子之间良好的沟通，是孩子增加自信的条件之一。而父母与孩子沟通的时候，还要注意准确运用一些肢体语言，比如用手摸摸孩子的脑袋、轻轻拍拍孩子的肩膀表示肯定和鼓励，这些都对孩子自信的建立有重要的作用。

鼓励是培养抑郁质孩子过程中很重要的一个方面，虽然每个孩子都需要不断鼓励，但是抑郁质孩子对鼓励的需求更多。当孩子试着做一件事却没有成功时，家长一定不要用语言进一步刺激孩子，而是要告诉孩子做一件事情失败了并不意味着无能，只不过是他还没有掌握技巧而已。

还有些家长喜欢用"激将法"来鼓励孩子，但是这对抑郁质孩子来说无异于在孩子受伤的心上又撒了一把盐。

不过要注意的是，虽然对抑郁质孩子的教育要以表扬为主，但是表扬也是要讲究技巧的。家长在称赞孩子做的事情时不要太笼统，也不要过于轻描淡写。要尽量指出哪些地方做得好，让孩子觉得不是在虚夸，而是确实在肯定自己的成绩，这样会让他们勇于创造的信心大增。

要提高抑郁质孩子的自信心，还要帮助孩子发现自己的优点，让孩子感受到自己在某一个方面或某些方面比别人强。父母要多角度观察孩子，引导孩子发现自己的优点之后，适当放大孩子的优点，这很有利于增强孩子的自信心。因为抑郁质孩子不喜欢与其他孩子一起游戏，如果他勇敢地跨出了第一步和其他的小朋友一起玩，父母除了要及时表扬之外，还要观察孩子与小伙伴之间的能力差距，同种能力相差太大的孩子最好不要总在一起玩。因为总是输的孩子，很容易产生沮丧和自卑心理。

成功的喜悦能够很好地帮助孩子获得自信心，所以父母要帮助孩子获得成功的体验。给孩子布置一些他一定能够完成的任务，他做到了就给他表扬。家长应该根据孩子的特长和能力提出适合他水平的任务和要求，让他们能够经过努力完成。

抑郁质的孩子因为性格内向，还很有可能养成依赖父母的习惯，所以对于抑郁质孩子来说，培养他的独立性也是很必要的。

首先，放手让孩子去做力所能及的事情。凡是孩子自己能做的就让他自己做，不要代替他，比如让他自己整理书包、收拾玩具、洗袜子等等。不过在这个过程中，父母要有耐心，因为没有人是生来会做所有的事情的，所以当孩子没有做好的时候要多一些宽容，不要求全责备。

抑郁质孩子的依赖性更多地表现在让父母帮助自己做决定方面。家长要知道自我选择是独立性中很重要的一个方面，家长一定要引导、鼓励他们自己去决断，这样才能帮助他们克服优柔寡断的缺点。家长要有意识地给孩子更多做选择的机会，凡是可以让孩子参与讨论做决定的事情一定要孩子参加，比如去哪里旅游，什么时候去博物馆等等。如果孩子提出的意见能够被采纳，这不仅能够提高他们的决策能力，也能增强他们的自信心。

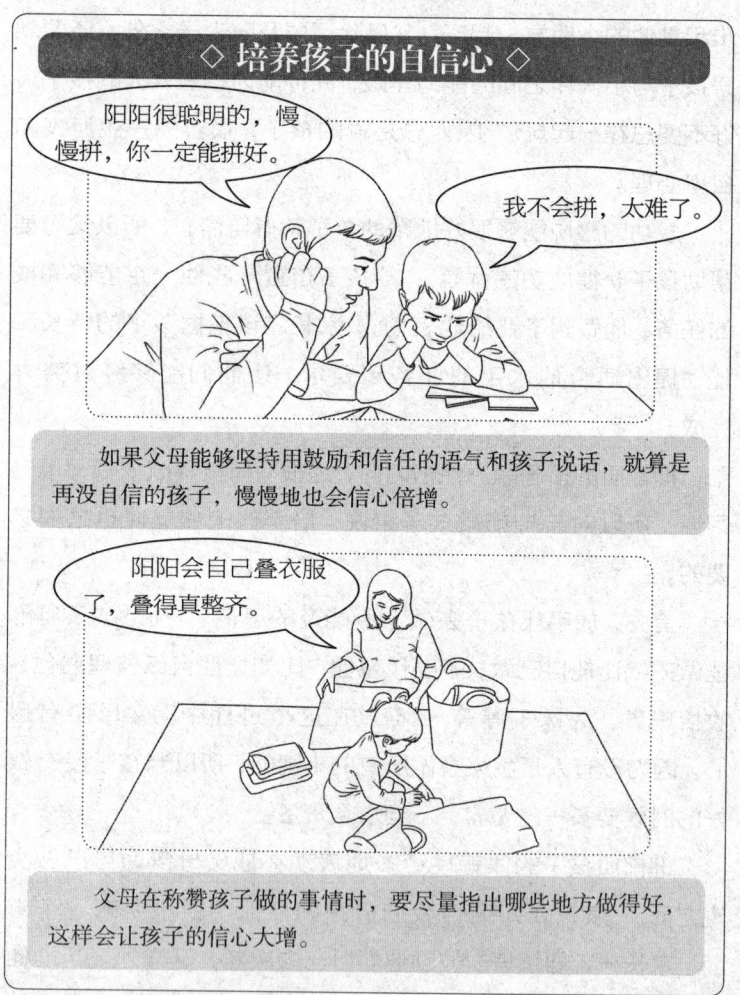

◇ 培养孩子的自信心 ◇

阳阳很聪明的，慢慢拼，你一定能拼好。

我不会拼，太难了。

如果父母能够坚持用鼓励和信任的语气和孩子说话，就算是再没自信的孩子，慢慢地也会信心倍增。

阳阳会自己叠衣服了，叠得真整齐。

父母在称赞孩子做的事情时，要尽量指出哪些地方做得好，这样会让孩子的信心大增。

黏液质孩子：专注冷静，固执己见

　　黏液质的人通常是抱有中庸之道的一类人，他们善于与人相处，容易适应新环境，即使是独处也能过得悠闲自在、自得其乐。他们为人非常低调，总是安静地做着自己喜欢的事情，总是尽力避免冲突，不易发怒。黏液质的成人会是一流的老板，但是不适合创业，只适合做"守业者"，因为他们虽然善于与人相处，不制造事端，不干涉别人，能够客观地看待别人，但是他们没有主见，适应新事物需要一段时间。如果孩子有一个黏液质的父母也会过得很开心，因为他们会是优秀的父母，对孩子随和，不会提出过高的要求，只要孩子开心快乐就好。

　　那么黏液质的孩子是什么样的呢？

　　　西西今年3岁，是个很安静的女孩子，在很多人面前讲话的时候会很害羞。虽然她总是很羞涩，但是早教班里的每个小朋友都喜欢和她玩，因为无论是谁想借她的玩具，她都不会拒绝；有时候就算是很不情愿，自己低着头思考好久，但是最后一定会把玩具递给别的小朋友。

如果被别的孩子欺负，西西也不会反抗。她的父母为此十分苦恼。

西西就是一个典型的黏液质孩子。他们平时很安静，不会惹事，动作总是很缓慢，做事也拖拖拉拉的，即使是一个人玩玩具也能玩很久，而且看起来还是兴致勃勃的，没有丝毫的烦躁。

他们受到表扬的时候会微微一笑，受到批评的时候会低着头不说话。当他们沉浸在自己的小世界中的时候，他们不容易受到周围环境的干扰。不过他们很害怕变动，如果习惯了一件事情，他们就会总是用同样的方法解决问题。黏液质孩子天生看问题比较消极，但一般不会出现情绪低落的情况。

黏液质的孩子情绪总是很稳定，引起他们的兴奋很难，但是他们同一种情绪可以保持很久。此外，虽然他们能够敏锐地感受到周围的变化，但不会灵活地去处理这种变化。

"黏液质"又被称为"安静型"，在生活中他们是勤奋而稳重的优秀员工。因为他们具有可以与兴奋过程相抗衡的抑制兴奋的能力，所以这些人看起来总是缓慢而沉着的，通常不会为无谓的诱因而分心，他们会恪守已有的生活习惯和工作制度，不会主动去改变。

黏液质的孩子一般都有"小大人"的倾向，他们总是稳重有度，不卑不亢。与别人交往的时候也会坚持"适度原则"，不会把自己的心扉完全向别人打开。他们讨厌毫无内容的夸夸其谈，情感上不易出现波澜，也不喜欢发脾气，情感一般也不会外露，也不常常显露自己的才能。所以这种人在社会中很受人欢迎，因为他们善于倾听，能够客观地指出别人的问题所在，并且提出中肯的意见，而且他们也有自己幽默的一面，不过通常是些"冷幽默"。黏液质的人还拥有坚持不懈的毅力，能够长时间有条不紊地从事自己的工作。

不过黏液质的人也有自己的缺点，那就是不能够灵活地处理事情，也不善于转移自己的注意力。这种思维上的惰性严重地阻碍了他们的发展，这种个性让他们因循守旧，容易安于现状，不思进取。

黏液质孩子如果教育得不好，就极容易形成保守、固执、冷漠、不关心集体的性格，还可能会成为事件的幕后主使者；但是如果能在健康的环境中长大成人，他们就会成为踏实稳重、非常敬业的员工，也具有成为优秀管理者的潜力。

1. 摆脱固执的惯性，让孩子学会变通

黏液质孩子最大的特点就是"稳"，父母要在充分发挥孩子"稳"的长处的同时注意让孩子学会变通。黏液质孩子往往喜欢上什么东西之后就不会再去关注别的东西，习惯了某一种解决问题的方式之后就会固执地用同样的办法去解决一切问题，所以他们常常会陷入思维定式的困扰中。

思维定式是指先前的活动造成的一种对类似或者相同活动的特殊的心理准备状态，或解决问题的倾向性。思维定式在解决问题的时候具有十分重要的意义，它可以帮助人们根据当前面临的问题联想起已经解决的类似的问题，然后可以帮助我们迅速地运用旧知识解决新问题。它是一种按照常规处理问题的思维方式，可以省去很多摸索、试探的步骤，缩短思考时间，提高解决问题的速度和效率。

不过思维定式既有积极的一面，也有消极的一面，它会让

我们的思维产生惰性，养成一种机械、千篇一律地解决问题的习惯，会使人墨守成规，难以涌出新思维、做出新决策，是束缚创造性思维的枷锁。

而黏液质的孩子最厌恶改变，他们希望能够找到一种方法解决所有问题，这是一种惰性，很不利于孩子在这个日新月异的社会中生存，所以父母要帮助孩子克服思维定式，让他们能够从各个角度去思考问题，找到更多的解决问题的方式，从而选出最优方案。

为了帮助孩子学会变通，父母要培养孩子多方面的兴趣，因为他们一旦喜欢上一样东西，对其他的东西就会视而不见，所以父母要经常带着孩子去尝试新鲜事物，培养他们更多的兴趣爱好。

兴趣和好奇心是孩子思维的突破口，他们对事物越是好奇，他的思维运动就越强烈。但是现在的孩子生活面很窄，见识也很少，所以很难对事物产生好奇心，而且由于传统的思维定式的影响，孩子思维的灵活性也受到了很大的限制。所以父母应该多带着孩子走出家门，走进社会，走进大自然，让孩子了解社会，接触各种各样的人，开阔眼界，增加知识积累，扩大思维范围。当孩子知识面拓宽之后，他思考的问题以及方向就会变得更加灵活，就不会被旧的思维限制。

当孩子的思维更加活跃的时候，父母一定要注意保护孩子的这种好奇心。当孩子把一个又一个"为什么"抛向你的时候，父母千万不要回避，而是要保护孩子这种打破砂锅问到底的精神，对于孩子提出的问题要表现出兴趣，如果自己不了解答案，就要和孩子一起去寻找答案。

黏液质孩子的想象力通常具有局限性，父母同样可以利用大自然，和孩子一起去观察花草树木、鸟兽虫鱼。当他们提出问题的时候，可以让他们自己先给一个回答，不要管这个回答是不是科学的，让孩子充分发挥想象力去解释各种现象，即使孩子的解释是荒诞的，也要对孩子的回答进行鼓励，然后再跟孩子一起寻找正确的答案。另外孩子的世界应该是充满童话色彩的，已经有研究表明，从小接触很多童话故事的孩子想象力明显比接触童话很少的孩子更丰富。

另外，父母还可以试着让孩子进行"头脑风暴"，比如让孩子迅速答出家里的杯子都有什么用途，只要是正确的答案就要给予肯定，即使孩子说出"可以砸人"的答案也不要怒不可遏，而是应该先肯定孩子的思维，再纠正孩子的道德观念。

面对闷闷的黏液质孩子，父母有时候可以故意引起一些争论，让孩子充分表达自己的想法；如果有孩子可以参与决定的家庭问题，一定要让孩子充分阐述他的理由。

最后，创新和变通只能产生在自由、宽松的环境中，所以父母不要给孩子过多的限制，应该给他们足够的空间去进行天马行空的想象。

2. 创造幽默活泼的环境，给孩子快乐的享受

黏液质的孩子总是会给人性格沉闷的感觉，像个老成持重的"小大人"，他们虽然很让父母放心，但是身上总是少了一些孩子天真活泼的朝气，这进而影响到了孩子的思维。黏液质孩子的父母如果想让孩子变得活泼开朗一点，那就一定要在家里营造出一种幽默轻松的气氛，让孩子总是受到一些甜蜜的刺激，给孩子一些出其不意的惊喜，让孩子逐渐适应充满变化的家庭氛围，这样他的个性就会慢慢出现改变。

如果家里经常充满欢声笑语，孩子在很大程度上也会成为一个具有快乐个性的人。和谐快乐的家庭氛围对于孩子的成长是非常重要的，如果家庭成员之间关系不和谐，孩子生活在这种氛围中总是会感到非常惊恐，所以爸爸妈妈应该为孩子创造一个轻松、愉快、充满幽默感的家庭氛围，这样孩子就能获得充分的安全感，健康快乐地成长。

家里如果总是充满幽默风趣的气氛，那么黏液质孩子就很容易摆脱沉闷的性格。那么家长要怎么在生活中发现幽默、创造幽默、利用幽默，进而改善孩子的个性呢？

首先家长可以试着用亲子游戏来让生活充满笑声。幽默的孩子一定是爱笑的孩子，同时爱笑的孩子往往善于发现生活中的幽默和制造幽默，这对于改善黏液质孩子的个性是非常有好处的。在日常生活中，家长可多跟孩子玩一些有趣的亲子游戏，如"两人三足""袋鼠跳"等，这不仅能增进亲子感情，让孩子懂得团结协作的重要性，而且游戏夸张有趣的肢体动作、妙趣横生的失误环节也肯定让你和孩子忍俊不禁，让孩子在轻松快乐的环境中产生幽默感。

另外，当孩子遇到挫折的时候，比如当他刚刚学走路的摔倒，不小心撞到身体或者做什么事情失败的时候，家长要学会用幽默的方式来安抚他，可以向他做个鬼脸，表示没关系。幽默具有神奇的力量，看到父母的鬼脸，孩子极有可能破涕为笑，重新燃起希望。

父母还可以经常让孩子阅读幽默故事、机智故事、脑筋急转弯等，这不仅可以让孩子变得开朗，学会乐观地看待生活，还可以训练孩子思维的敏捷性，丰富孩子的词汇。当孩子的阅读量达到一定程度的时候，家长可以和孩子一起编幽默故事，也可以通过改编电影、电视剧的情节或结局来激发孩子的幽默感。

因为黏液质的孩子不善于灵活地解决问题，所以父母要多创造一些变化来让孩子情绪高涨。可以用动感的游戏来促进孩子的发展，训练孩子的灵敏度。"过家家"是一种很需要创造思维的游戏，适合黏液质的孩子。此外玩游戏的时候，尽量让孩子来领导父母。父母要有意识地向孩子请教，创造机会让孩子出主意，激发他的指挥兴趣。

家长还要努力创造条件让孩子走出家门，去一些公共场合与其他的小朋友一起玩。开始的时候，父母可以为孩子选择几个性格开朗的朋友，当孩子学会如何与别人交往之后，要鼓励他们多多与小伙伴交往，并且当孩子的交往中出现问题的时候，要及时指导孩子如何处理这种问题。

家长还可以有意让孩子多与外界接触，比如需要向邻居借东西的时候让孩子去，也可以多邀请自己的朋友带着他们的孩子来家里做客或者带着孩子去他们家做客。同时家长对孩子所做的事情要及时地给予鼓励，即便第一次做不好都没有关系，这样能激发孩子下次做事的欲望。

如果家长总是能够用这些新鲜的体验给孩子带来快乐的感觉，那么黏液质孩子一定可以克服固执不会变通的缺点，喜欢上这个充满变化的世界。

多血质孩子：适应性强，精力分散

晓雯聪明可爱，见到陌生人从来不会感到拘束，也很容易与陌生人成为朋友，即使这些人不是她的同龄人，她也能应对自如。

有一次，晓雯跟着妈妈去参加了一次妈妈单位组织的活动，她活泼可爱，似乎和每个人都有共同的话题，走到哪里就把笑声带到哪里，很快整个队伍的人都认识了她。同事们纷纷对晓雯妈妈竖起大拇指，说她培养出了一个优秀的女儿。

妈妈表面上笑着，心里却在想："唉，这些同事是没有看到我发愁的一面啊！"原来晓雯喜欢说话，活泼开朗，很受大家的欢迎，每个人都喜欢和她做朋友，不过，晓雯过于活泼的性格让她一刻也安静不下来，整天都说个不停，让妈妈很是头疼。

我们在生活中经常会听到一些父母抱怨："我那个孩子一刻都安静不下来，太闹了。"这种类型的孩子往往是多血质的，故事中的晓雯就是一个典型的例子。多血质孩子活泼外向，朝气蓬勃，充满活力，兴趣广泛。他们善解人意，对所有人都十分热情，不管是熟人还是陌生人，总是能够找到和别人的共同语言，所以多血质的孩子常常拥有很多朋友。他们喜欢尝试新鲜事物，总是能够迅速地抓住事物的重点，而且具有很强的环境适应能力。

虽然多血质的孩子优点很多，但是他们身上也有着很多让老师和父母头疼的毛病，最常见的就是做事情总是三分钟热度，没有办法把注意力长时间集中在一件事情上。此外，他们做事情不认真，不仔细，总是觉得任何事情做得差不多就可以，没有必要追求完美，这一点和抑郁质以及黏液质的孩子有很大区别。另外多血质的孩子也会出现任性霸道的时候，生气的时候会非常愤怒，犯了错误也会固执地坚持自己的意见。

父母要对多血质孩子具有的优势进行因势利导的教育，充分发挥他们的长处，让他们保持自己开朗活跃、朝气蓬勃的优点。另外父母也不能忽视孩子精力分散的缺点，要多多训练孩子的注意力，并且要逐渐延长时间，让孩子最终能够达到长时间关注一件事情的水平。做事时，先让孩子从简单的做起，复杂的事情要循序渐进地引入他的生活，另外父母要对孩子是否完成了这件事进行监督和检查。最开始的时候可以每件事都检查，然后慢慢变成抽查，当发现孩子有了明显进步的时候要给予肯定。这样孩子就会慢慢克服做事有头无尾、浮躁的缺点。

家长还要让孩子多做一些细致的事情，总之要让他们坚持把事情做完，并且质量要高。这样可以改善他们无论做什么都大而化之的倾向，使他们养成吃苦耐劳的品质。如果有矛盾的话，要和孩子讲道理，不要强迫孩子也不要放纵他们。

多血质的孩子如果教育不好，就容易形成注意力不集中，做事怕苦怕累、虎头蛇尾，变化无常的性格，但是如果教育得当，这些孩子就能够成为乐观向上、勇敢有韧性的人才。

1. 让孩子学会按计划踏踏实实做事

拥有多血质气质的孩子反应迅速，喜欢与人交往，但是注意力很容易分散，兴趣广泛但是变化快，做事没有耐心不踏实。有研究表明，即使孩子的智力水平很高，但是如果缺乏意志力，爱虚荣，怕吃苦，长大之后也会变成平庸的人。而对于多血质气质的孩子来说，这些特质恰好是他们最突出的缺点。所以要打开多血质孩子的性格枷锁，家长一定要培养孩子的专注力，让他们在吸收新信息的同时学会自我控制，能够锲而不舍地完成任务，加强他们的责任感和纪律性。只有这样，多血质的孩子才能扬长避短。

生活中，很多多血质的孩子做事都是只有三分钟热度，常常是只有开头却没有结尾，在完成任务的过程中也常常"三天打鱼两天晒网"，所以他们所做的事情大多最后是以没有结果告终。一个人要想成功必须具有能够坚持不懈地做好每一件事情的品质，如果心态浮躁，碰到一点困难就打退堂鼓，最终一定会前功尽弃。"功亏一篑""行百里者半九十"这些话都告诉我们关键时刻不能松懈，做事一定要脚踏实地，只有为了一个目标不断付出，才能最终得到成功的果实。

那么怎样才能帮助一个多血质的孩子学会坚持和脚踏实

地呢？ 对于粗枝大叶的多血质孩子来说，最好的办法是让他们学会计划，也就是让他们对自己要做的事情做出具体的时间规定，然后按照这个规定有准备、有措施、有步骤地向前推进。 学会按计划做事，不仅是一种良好的生活和学习习惯，而且也能反映一个人做事的态度，是一个人取得成功的重要因素。

要想让孩子学会计划，父母首先要培养孩子的时间观念。没有时间观念，孩子做事就会拖拖拉拉，根本不会有计划性。

父母在日常的生活中，要有意识地培养孩子的时间观念。要让孩子明白什么时间应该做什么事情，什么时间不应该做什么事情，让他养成作息规律的好习惯。

时间观念的培养越早越好。 在孩子小的时候，父母可以制定一个时间表，科学地安排孩子的作息时间。 要注意的是，一定要尊重孩子的意见，和孩子商量之后再做出最后的时间表。 家长可以在时间表上写下孩子每天需要完成的事情，然后让孩子自己选择在哪个时间段去完成它。 每当孩子完成一件事情后，让孩子在完成事情的后面标注一下。如果任务完成出色，可以给孩子一个表扬或者是一个小小的奖励。

当孩子稍大一些的时候，比如上幼儿园或小学后，要让他们学会独立收拾自己的东西，大多数有计划性的孩子，都会知道事先把自己的东西收拾好。 家长要做的就是注意孩子生活中的细节，从小事抓起，有意识地帮助孩子养成良好的时间观念。 如果孩子忘了收拾自己的东西或者没有安排好自己的生活，父母不必急着出面帮孩子搞定一切问题，可以让孩子吃几次苦头，当孩子体验到自己的行为可能产生的后果时，他也就体会到做计划的重要性了，最终他就会改变自己做事没有计划的坏习惯。

培养孩子的计划性，一定要教孩子学会分清主次。可以把孩子一天内要完成的事件列出来，让孩子按照事情的轻重缓急排序，然后监督孩子按照自己的排序完成任务。

当孩子学会计划之后，父母要引导孩子踏踏实实地去完成计划，可以试着把大目标拆分成小目标，让孩子一个个地去攻破这些"障碍"。当孩子学会拆分目标并且分别实现的时候，他实际上就已经在不知不觉中养成了踏踏实实做事的好习惯。

此外，"言传永远比不过身教"，所以要培养孩子的计划性，父母应从自己做起，严格遵守时间，做事踏踏实实，讲究效率，这样孩子自然会模仿大人。

另外父母在教育孩子的时候，一定要坚持原则。如果与孩子发生矛盾，要多和孩子讲道理。只要父母耐心帮助孩子培养按计划认真做事的好习惯，改掉做事虎头蛇尾的坏毛病，多血质孩子就能充分发挥自己的长处，拥有一个光明的未来！

2. 帮助孩子控制好情绪

平平是个典型的多血质孩子，她很喜欢和小朋友们一起玩，楼下院子里的小朋友也都很喜欢她。但是妈妈却发现了一个让人挠头的问题，那就是平平虽然人缘很好,但是只要小朋友说了一句惹她不开心的话或者做了让她不高兴的事,她可能会马上大发雷霆,也有可能站在那里哇哇大哭,可是过不了多久,她又会开开心心加入小朋友的新游戏中,似乎一切都没有发生过。妈妈很担心:"孩子这样不会调节情绪,虽然朋友很多,但是能够交到可以交心的朋友吗?"

多血质的孩子天生的特点就是"动",他们总是喜欢追求变化,所以父母首先要尊重孩子的特点,在这个基础上再去完善孩子的性格。父母可以从以下几个方面入手去稳定孩子的情绪:

第一点仍然是要求父母以身作则,控制好自己的情绪。虽然多血质孩子的情绪本身就属于善变型的,但是孩子的情绪仍然会受到父母的影响。有句话是这样说的:"妈妈脾气坏,孩子坏脾气。"特别是当孩子情绪失控的时候,家长更要控制好自己的情绪,不要让自己的情绪被孩子的情绪牵着走。当孩子情绪发生剧烈变化,如果这时候父母与他形成对抗,那么不但不能平复孩子的情绪且解决问题,还会增加孩子情绪波动的强度。

多血质的孩子在生活中做事比别人快,人际关系也比别人好,所以他们受到表扬的机会会比一般的孩子多。生活中他们并不缺少表扬,父母可以适当地减少对他们的称赞,因为如果表扬过多的话,他们的思想就会更加浮躁,变得越来越骄傲,这样时间长了,他们产生一种高高在上的感觉之后就会更容易对别人发脾气。

多血质的孩子情绪来得很快,非常不稳定。别人顺着他的时候,他就高兴地笑,只要稍有不如意就会大发脾气。这时候父母要用冷静的态度去纠正孩子的态度,比如用有趣的东西转移他的注意力。等到孩子情绪稳定之后,再告诉他刚才那样随意地发脾气会伤害自己的朋友。父母还可以引导孩子进行换位思考,让孩子站在其他小朋友的角度上去认识自己的行为,引导他对自己乱发脾气造成的后果感同身受,这样他就会理解自己的情绪给别人带来了不好的感受,以后就会注意。父母也要关心孩子发脾气的原因,如果是为了合理的心理诉求,那么应该支持孩子,但是要告诉他如何提出自己的合理要求。

为了让孩子更好地感受情绪带来的影响,父母可以和孩子一起玩角色扮演的游戏,通过扮演处于不同情绪状态下的人,让孩子学会正确处理自己情绪的方式;也可以与孩子一起设计情境,进行角色互换,增强孩子对自己情绪的自控力。

多血质孩子的妈妈还可以试一下用蔬菜来帮助孩子稳定情绪。新加坡的儿科专家们对"情绪不稳定儿童"进行了专门的研究。通过研究他们发现蔬菜具有稳定情绪的作用。因为咀嚼的动作可以缓解孩子的紧张和焦虑以及其他负面的情绪,如果给孩子的食物中包含更多的蔬菜,那么他们就会更充分地发挥咀嚼的功能。如果孩子不爱吃蔬菜,那么妈妈可以开动脑筋,变换烹调方式,让孩子尽量多吃一些。

多血质孩子的父母还可以选择一些舒缓的音乐来帮助孩子平复情绪,这种方式同样也可以用来帮助孩子养成平和的心态。

多血质的孩子本来就善解人意，很受别人的欢迎，如果能够改掉情绪多变的毛病，他一定会拥有很多值得一生珍惜的好朋友。

◇ 培养孩子的时间观念 ◇

宝宝，现在到读绘本的时间了，我要关电视了。

现在是吃饭时间，如果你不来吃饭的话，一会儿饿了就没有东西吃了。

在日常的生活中，父母要有意识地培养孩子的时间观念。要让孩子明白什么时间应该做什么事情，什么时间不应该做什么事情。

日常家教演练

1. 你知道你的孩子属于哪种气质类型吗？判断依据是什么？

   _____

   _____

   _____

2. 你想过改变孩子的性格吗？效果如何？

   _____

   _____

   _____

3. 你会采取哪些方法来帮助热情冲动的孩子控制情绪？

   _____

   _____

4. 你会采取哪些方法来激发胆小敏感孩子的信心和勇气？

   _____

   _____

5. 你会采取哪些方法来帮助活泼好动的孩子学会冷静和自控？

   _____

   _____

# 第四章

0~3岁，如何改善孩子的心理

让宝宝不再哭闹不止

哭闹的形态多种多样，但大多数与时间有关。常发生在晚上的，被老百姓叫作"夜啼郎"，这是最为严重的一种哭闹。这种哭闹很难安抚，宝宝哭闹时，表情显得十分痛苦，不仅腿、脚屈起来，还弯着背，挣扎得很厉害，而且拒绝进食。有的则是几乎整天哭闹，并且经常焦躁、不安、睡眠不深和不愿进食。怎样解决宝宝的哭闹问题，不少爸爸妈妈进行了多种尝试，如爸爸妈妈觉得宝宝的哭闹可能是饿了，就进行哺喂；觉得宝宝太冷或太热，就增加或减少衣服；认为宝宝太无聊了，就陪宝宝玩一玩；或者是感到宝宝累了，就让宝宝睡觉；若是认为宝宝不舒服，就摸一摸是不是发热感冒了。如果以上的尝试都不对，宝宝仍旧哭闹不止的话，爸爸妈妈就不知如何是好了。

让医生确定宝宝哭闹的原因和解决的办法

对于哭闹不止、爸爸妈妈又找不到原因的宝宝，最好的方法就是带宝宝去看医生，请医生诊断宝宝哭闹的原因，并制定一个解决的办法。

1. **建立生活规律和模式**

爸爸妈妈应该认真观察和预测宝宝的行为，并在宝宝生活开始规律时，建立有效的沟通方式，习惯成自然，良好的生活规律和模式可以避免不必要的哭闹。

2. **节奏性的刺激**

这是一种传统的、自动性的安抚哭闹的模式。例如一面轻轻摇晃、拍打和安抚，一面轻轻唱着催眠曲，就可以解决宝宝的哭闹。摇晃哭闹不安的宝宝可以使其很快地安静下来，但要注意摇晃的方向和时间。

纠正宝宝爱发脾气的技巧

宝宝发脾气时的表现特征是大声号哭、尖叫、踢物品和乱扔东西，有的宝宝甚至会背过气去，让人十分担心和害怕。长此以往，宝宝容易形成脾气暴躁的性格。

1. **处理好宝宝的第一次发脾气**

   宝宝发脾气不是天生的，纠正起来要有个过程。但是要特别注意处理好宝宝的第一次发脾气。这对防止宝宝养成发脾气的坏习惯是极为重要的。当宝宝第一次发脾气的时候，不要问是什么原因，你都不要理睬，直接告诉宝宝："你什么时候安静下来，我才和你说话。"并一直坚持自己的态度。当宝宝平静下来以后，爸爸妈妈要告诉宝宝这样做不对，有什么要求提出来，爸爸妈妈会帮忙解决。如果在这时候爸爸妈妈心软，怕宝宝发脾气伤了身体，就半途而废，以后宝宝在发脾气时，就很难令其平静下来。

2. **了解原因，有的放矢地解决问题**

   爸爸妈妈对付宝宝坏脾气的第一步，是找出宝宝发脾气的原因是什么，是不是受了挫折。 若是宝宝因为未能完成某件事情而表现出烦躁，爸爸妈妈最好是立即给予应有的注意，如果用语言说不明白，应带着理解和同情的心情，和宝宝一起做，这样就有效地避免了宝宝为此而发脾气。

3. 冷静处理宝宝的无理要求

拒绝宝宝的要求，不能采取强硬的态度，不要站在居高临下的位置上，更不能打宝宝。 这时候，爸爸妈妈要冷静，要适当地给宝宝留点面子，找个合适的台阶让宝宝下来，等宝宝冷静下来以后，讲清楚发脾气的危害，让宝宝自己主动地承认错误，并向爸爸妈妈道歉。

4. 多与宝宝沟通，了解宝宝的需要

在平时，爸爸妈妈要多与宝宝进行沟通，在沟通中了解宝宝的需要。 这样当宝宝提出要求时，爸爸妈妈就能理解和体会宝宝的心情与需要。

5. 表现你对他的爱

宝宝发脾气的时候，爸爸妈妈要千万保持冷静，这是因为，发火的爸爸妈妈会使宝宝更加发火。 记住，你面对的只是一个宝宝——你自己的宝宝，宝宝的自我控制能力较差，要温柔、温和地和宝宝讲话，如果宝宝在叫嚷，注意简化自己的用语，而且平静地和宝宝说话。 爸爸妈妈可以靠近宝宝，拥抱宝宝。 身体上的亲密具有很好的安慰效果，可以使气氛缓和下来。

宝宝有独占意识怎么办

宝宝的占有欲，实际上是宝宝成长阶段的一种正常心理，我们不能简单地把它视为自私自利，说成是思想品德有问题。3岁左右的宝宝会产生明显的以我为中心的意识，往往是从"我"出发，而不知道还有"你"、有"他"、有别人，因而导致了独占行为的发生。这与"自私自利"有着本质区别。

1. 形成独占意识的客观原因

爸爸妈妈的宠爱造成了宝宝缺乏经常和别人分享食物、玩具的愉快体验，久而久之便滋长了唯我独尊、独占一切的思想。

随着家庭经济收入的普遍提高，宝宝在经济上往往得到最优先、最可靠的保证，一些爸爸妈妈不惜一切代价投资于宝宝智力的发展，而忽略了其道德品质的培养。

缺乏正确的引导。有些爸爸妈妈总怕宝宝吃亏，无论什么事都把自己的宝宝放在第一位。殊不知这样做只会阻碍宝宝良好性格与品德的养成。

2. 培养宝宝的谦让意识

培养宝宝的谦让意识，让宝宝了解集体与个人的关系，把自己从"我"的概念中摆脱出来。应该让宝宝从小懂得，大家生活在一起，他需要的别人同样也需要，同样有享受的权利，不能一人独占，要想着别人。例如：吃东西时，让宝宝学会愉快地把大的、好的给爷爷奶奶、爸爸妈妈，把小的、不好的留给自己，使他懂得谁最辛苦谁就应该得到更多，自己不是家庭中的"功臣"。

3. 注重言传身教

模仿是宝宝的天性，成人应该在日常生活中潜移默化地对宝宝施以积极的影响。比如：带宝宝坐公共汽车时，爸爸妈妈在车上看见年迈的老人或抱小孩的妇女，便主动起身让座。这虽然是生活中的小事，但会进一步增强其尊老爱幼和谦让的意识。

4. 让宝宝真正懂得谦让

通过多种手段和途径，使宝宝学会谦让的语言和动作，促进宝宝的谦让行为。宝宝年龄小，受知识和生活经验的局限，语言发展不成熟，不能完整地表达谦让的意思，他常常只知道谦让就是好，但是又不明白在什么情况下应该谦让。所以，爸爸妈妈应先讲明为什么要谦让，对什么样的事要谦让，然后通过游戏、行动等来创造条件，促使宝宝学会谦让。

疏导宝宝的嫉妒心理

嫉妒是一种原始的情感,是人类心理中动物本能的表现,具有一定的普遍性。宝宝嫉妒心的表现很外露,不会掩饰。嫉妒心是宝宝成长过程中的一种自然现象,但爸爸妈妈不能就此听之任之,而要及时疏导,以免使宝宝形成不良的性格。

1. 嫉妒心的表现

不能容忍身边亲近的大人疼爱别的宝宝。宝宝最初的嫉妒总是与自己的爸爸妈妈等身边亲近的人有关,当爸爸妈妈疼爱别的宝宝时,他们往往会表现出不满、哭闹、反叛等,有的甚至会出现一些倒退行为,如故意尿湿裤子,故意做出比自己实际年龄幼稚的行为,以期引起大人们的注意。

对获得爸爸妈妈表扬的其他宝宝怀有敌对情绪。当别的宝宝受到了爸爸妈妈、老师表扬时,宝宝往往表现得不高兴、不服气,认为自己不比受表扬的宝宝差,有的还会当面揭发受表扬宝宝的缺点或不足之处,尽管有些事实甚至是与其他宝宝的受表扬无任何关联性,如"他的爸爸是个拉三轮车的"

等等。

对拥有比自己玩具、用品、零食多而又不和自己共享的伙伴进行排斥。一般情况下，每个宝宝都很喜爱和拥有很多玩具、用品、零食的同伴在一起玩，因为他们可以从中得到益处。但当同伴们不将自己拥有的东西与他们分享时，他们往往就会表现出嫉妒情绪，如毁坏同伴的玩具、孤立同伴等。

2. 明显的外露性

这是儿童嫉妒心理与成年人嫉妒心理最主要的区别。成人往往会考虑各种因素而尽量掩饰自己的嫉妒心理，而宝宝一般会通过具体的言行直率地表露自己的嫉妒情绪，他们通常不会考虑自己的嫉妒是否会引起别人对自己的不良评价等后果，此特点可以帮助爸爸妈妈、老师及时发现宝宝的嫉妒心。

3. 直接的对抗性

因宝宝对事物的认识具有直观性的特点，他往往会直接将因自己的嫉妒引起的不快情绪归责于自己所嫉妒的人，进而对引起他嫉妒的人或事做出直接的对抗行为，以发泄心中的不满。比如，直接打骂他所嫉妒的人，毁坏令他嫉妒的具体物品等。

4. 鲜明的主观性

宝宝认识事物一般都是从自己的角度出发，他往往会以是否符合自己的意愿为标准，简单地对事物进行分类。因此，当其他宝宝比自己强或其他宝宝拥有自己所没有的东西时，他就会因外界的事物不符合自己的意愿而造成心理上的不快。此种不快心理就是嫉妒心理，它具有强烈鲜明的主观色彩。

5. 了解嫉妒的起因

受认识水平的局限，宝宝对他人拥有而自己不具备或无法拥有的东西，往往会产生一种由羡慕转化为嫉妒的心理，这其实是很正常的情况。爸爸妈妈平时应多和宝宝接触，及时掌握宝宝的嫉妒的直接起因。只有了解了宝宝嫉妒的起因，才能从具体事情着手解决宝宝的嫉妒心理。这是化解宝宝嫉妒心理的前提。

6. 倾听心理感受

宝宝的嫉妒是直观、真实甚至自然的，它完全不似成人嫉妒心理那样掺杂着诸多的社会因素，它只是宝宝对自己愿望不能实现而产生的一种本能心理反应。因此，爸爸妈妈切勿盲目对宝宝的嫉妒行为进行批评，要耐心倾听宝宝的苦恼，理解他无法实现自己的愿望所产生的痛苦情绪，以便使宝宝因嫉妒产生的不良情感能够得到宣泄。

父母平时应教育宝宝理解人与人之间客观存在的差异性，让宝宝懂得每个人都有各自的优势和长处，引导宝宝充分发挥自己的长处，扬长避短，学会正视并欣赏别人的优势和长处，从而能够学习、借鉴别人的优势和长处，以弥补自己的不足，用自己的成功来赢得别人对自己的喝彩。

如何应对害羞的宝宝

很多宝宝在家里侃侃而谈，活泼可爱，可是一走出家门，就羞于启齿，必须和爸爸妈妈寸步不离，他们常常表现拘谨，不会放松自己，难以享受集体活动的乐趣，这就是害羞的宝宝。作为爸爸妈妈，当然担心自己的宝宝不合群，长大后不容易融入社会。那么，爸爸妈妈该如何应对害羞的宝宝呢？

1. 天生害羞的宝宝

爸爸妈妈总会看到这样的场面：有些宝宝早已迫不及待地加入游戏当中去；而另外一些宝宝却缠着爸爸妈妈，死活不肯离开半步。后者就是羞怯内向的宝宝，他们之所以不参与游戏，是因为在这种公众场合里，他们觉得有很大的压迫感。这些宝宝在家庭的气氛当中，会非常健谈，只是到了外面的场所，他们就变得没有安全感了，也就非常依赖爸爸妈妈了。

虽然害羞的宝宝看起来很不善于与人交往，但是他们却有着非常丰富多彩的内心世界。他们花费时间去思考和分析人们为什么做他们正在做的事情，他们还拥有非常奇妙的想象世界。事实上，现实生活中有很多非常有名的表演人士，在他们的童年时代，也同样和自己的羞怯个性不停地抗争过，也就是说，如果克服了童年时代的羞怯，那么成年之后也会具有很强的社交能力。害羞的宝宝需要更多的鼓励，也需要爸爸妈妈帮助他们事先做好额外的准备，去应付不同的场合。

2. 缺少社会交往的宝宝

对于这类宝宝，爸爸妈妈应尽可能地多为其提供与人交往的机会。比如，鼓励宝宝与小朋友一起玩；在家可让宝宝接待客人，做一些力所能及的招待活动，让他为客人送茶水、糖果、搬椅子，并鼓励宝宝回答客人的问题；爸爸妈妈带宝宝上街买东西时，让宝宝自己告诉售货员买什么东西，并向营业员道谢、告别等；向邻居借东西时可跟在宝宝后面让宝宝去说、去做；过生日或有事找亲戚、朋友时可让宝宝传话。

3. 寻找合适的幼儿园

害羞的宝宝在合适的环境中会表现出色。爸爸妈妈可以选一家老师和宝宝比例恰当的幼儿园，如果一个老师要照顾太多小朋友，那自然是无暇顾及你家宝宝的特殊习惯的。爸爸妈妈需要提前几天先带宝宝到幼儿园认识一下新环境，使宝宝能够见到他的老师，熟悉幼儿园里的建筑。有必要让老师了解你的宝宝是一个害羞的宝宝，和老师商量一下怎样共同努力才能让宝宝更好、更快地适应新环境。等宝宝上了幼儿园以后，还要经常和老师保持紧密的联系，这样爸爸妈妈就能及时了解到自己的宝宝在幼儿园的情况，及时发现问题，及时解决问题。

4. 让宝宝做好充分准备

无论在哪一种场合里,如果宝宝事先已经有了心理准备,知道事情将如何进展,那么他内心的焦虑就会有所减退。

5. 家中常练习

让宝宝在家实践一下。爸爸妈妈和宝宝像做游戏一样,让他在家里体验不同的场景,比如设想在幼儿园见到新伙伴,或者在公园有个小朋友想和他一起踢球等。让宝宝在游戏中变换角色,能够使他体验到人们在交往过程中双方的感受各是什么样的。

6. 尊重宝宝的意见

爸爸妈妈应注意尊重宝宝的意见,提高宝宝的自信心。在日常生活中,善于并及时发现宝宝身上的闪光点,多表扬宝宝的长处,也是很重要的,这样宝宝的害羞心理会有所改善。

7. 消除自我否定

害羞的根源通常是不够自信,自我评价过低。宝宝的脑子里常常是一种否定的思维模式,他会想"其他宝宝是不会喜欢我的",从而导致他缺少自信。因此,爸爸妈妈要帮助宝宝减少内心的自我否定和批评,多给他一些正面的鼓励和表扬,告诉他:"你和那个男孩玩得很好,相处得也很好。"另外,还要让宝宝时刻给自己打气:"我做得很好。"

正确引导宝宝的竞争意识

时下的中国是一个高度竞争的社会,竞争的压力从成年人的社会际遇层层渗透,从研究生到中小学、幼儿园,哪一个年龄都不轻松。如何拥有良好的竞争心态,是当代人必修的功课,那么,爸爸妈妈该怎样引导宝宝的竞争意识呢?

1. 爸爸妈妈要调整好自己的心态

著名画家陈丹青说:"中国人总是一代代自己失败了,然后就去逼孩子,孩子长大又失败了再去逼他们的孩子,这就是愚蠢。"爸爸妈妈希望宝宝为自己争气、弥补自己人生的遗憾或者在自己的基础上更上一层楼。实际上,爸爸妈妈把绝大部分心思放在了要求、期望宝宝成功上,把少得可怜的心思放在了帮助宝宝成功上。这二者是有天渊之别的,期望宝宝的成功重在事情结果的成功,帮助宝宝成功则是帮宝宝获取成功能力的增长。很显然,爸爸妈妈的心思颠倒了,所以爸爸妈妈首先要调整好自己的心态,才能正确地引导宝宝。

2. **练习竞争**

爸爸妈妈应更多练习,培养宝宝"在场上"的感觉。通过充足的准备,培养宝宝对于竞争的渴望和兴奋;通过反复的练习,增强宝宝对压力的承受能力,以及其意志的顽强、策略的灵活。

不能满足宝宝的所有要求

人类欲望的满足可分为几种：延迟满足、适当不满足、超前满足、即时满足、超量满足。好的教育总是提倡"延迟满足"和"适当不满足"。"超前满足"是愚蠢的行为，"超量满足"则是浪费的举动。许多爸爸妈妈总是处在给宝宝"即时满足"的状态，总认为宝宝小，现在生活优越，宝宝有需要一定要满足他。但做爸爸妈妈的也不要忽略，经常的"即时满足"，对宝宝是无益的，有时甚至是有害的。

1. 即时满足的后果

宝宝想要什么，爸爸妈妈马上给予，在这样的情况下，爸爸妈妈的动作稍慢一点，宝宝就大呼小叫，性格急躁，缺乏耐心，这会导致其今后做事情容易有始无终。

宝宝想要一块泡泡糖，妈妈马上给他买；宝宝想吃肯德基，妈妈马上带他去；宝宝想要一个芭比娃娃，妈妈马上送给他。所有的东西，都这么轻而易举地得到，宝宝才不会珍惜，也感受不到幸福，反而会觉得这是应该的。

有些宝宝的玩具箱里，放着几十件玩具，但对哪件玩具，都是玩几天就扔一边了，有时还拿玩具乱扔、乱摔，对玩具一点都不爱惜。 假如这是一件等了几天，甚至是一个星期，表现良好才得到的礼物，宝宝还会如此不爱惜吗？

2. 延迟满足的家庭课程

情景一

宝宝想喝奶，但奶是刚从冰箱里拿出来的，太凉，他却有些迫不及待。 妈妈可以尝试着这样解释："宝宝，你摸摸，奶太凉了，喝了会肚子疼，你等一等，温热了再喝。"

情景二

带上宝宝去超市，当宝宝看到里面那么多好吃的时，禁不住拿起来想吃。 妈妈可以试着这样解释："宝宝，在超市里面不让吃，只有妈妈付过钱，你才能打开包装吃。 你看这里面穿制服的叔叔，就是管着不让人随便吃的。"虽然宝宝还小，但对宝宝讲清道理，宝宝逐渐就会变得懂事，在这个过程中学会等待。

情景三

宝宝看见别的小朋友有一个小恐龙玩具，也想要妈妈去买。 妈妈可以尝试着这样解释："宝宝，你看今天妈妈没带钱，等明天，妈妈一定带钱给你买。"

帮助宝宝克服夜间恐惧

俗话说："日有所思，夜有所梦。"外来的刺激能引起做梦，来自身体内部的刺激也能产生梦。一般来说，做梦不会影响健康。但是，有些宝宝常会出现夜间惊恐的现象，弄得爸爸妈妈束手无策。其实遇到这种情况，爸爸妈妈首先要分析宝宝白天有无受过什么刺激或身体有什么不适的地方，最近一段时间是否经常这样，做出判断后再作处理。

1. 做噩梦的表现

睡眠时，我们的潜意识较为活跃，宝宝做噩梦表明他们内心有许多焦虑的因素，但基于他们语言能力有限，加上某些环境因素的限制，这些感觉被压抑着，不能在日间抒发出来，要等到晚上当意识的控制减弱时，才会以象征的形式浮现。

在一夜的睡眠中，宝宝会有两个时间做噩梦：第一个是在刚睡着的两个小时内，这时做的噩梦通常较真实，会使宝宝从梦中惊醒后觉得万分惊恐，不敢再次入睡；第二个时间是在醒前的三个小时内，所做的梦往往象征着宝宝对白天所发生的不愉快事件的反应。其症状是在睡觉时突然醒来，且发出号叫或哭泣声，脸上表情是害怕、惊吓，且全身出冷汗，呼吸急促，心跳加快，心率可增加25%～40%。

2. 正确对待宝宝的噩梦

允许宝宝自己醒过来，而不是强迫他中断睡眠。梦中被摇醒和噩梦本身一样惊人，它可能会阻碍宝宝做梦，这样就无法达到大脑自己对噩梦"建设性"的解决。如果噩梦的强度足以使宝宝呻吟或翻来覆去，那么它一般会让宝宝醒过来。

不要坚持认为宝宝的噩梦不是真的。对宝宝而言，噩梦是非常真实的。父母应平静并且理智地向宝宝保证他是安全的，噩梦中发生的任何事情都不会对他造成任何真正的伤害。

爸爸妈妈可鼓励宝宝尽可能详细地描述他所做的噩梦。一步一步地向宝宝询问噩梦中发生了什么，询问宝宝在进行过程中感觉到了什么，但不要向宝宝评价或者判断。如果宝宝可以大声说出来，而不因爸爸妈妈的反应退缩，噩梦就有可能失去它的威胁力量。爸爸妈妈也可以更多地了解宝宝的噩梦是如何作用的，自己的宝宝缺些什么，以及最初是什么促使噩梦形成的。

3. 怕黑的表现

宝宝对黑暗的恐惧大部分是源于他的想象。这时的宝宝想象力丰富，分不清现实与想象，他会想象黑暗中有大灰狼等让他害怕的东西，所以在黑暗中他容易把恐惧扩大化，这是这个年龄宝宝的认知特点。

4. 不要吓唬宝宝

成人不要用一些不相干的事物吓唬宝宝。有的爸爸妈妈为了制止宝宝哭闹，经常用"黑房间里的老鼠专咬不听话的宝宝""再哭就把你关到黑房子里"等吓唬宝宝。这样，黑房子、老鼠、壁虎、小虫等成了可怕的东西。由于怕黑，宝宝对与黑暗有联系的事物避而远之，更不用说去观察、接触和探求了。

5. 恐怖的电视节目

有选择地引导宝宝观看影视作品。影视中的一些恐怖镜头，如伴随着黑夜出现的蒙面人、妖魔鬼怪等给宝宝造成了"黑夜等于魔鬼""黑暗都是可怕的"心理定式。有的宝宝从此开始怕黑，以为黑暗中总有许多吓人的东西，甚至长大以后都不可能一个人走夜路，不能一个人在家。因此，爸爸妈妈最好抽点时间陪宝宝观看影视节目，对其中的恐怖镜头要正确地解释，及时地进行引导。

6. 家长注意自己的言行

爸爸妈妈在宝宝面前不能有怕黑的言行。一些年轻的妈妈自己怕黑，带宝宝走夜路时显得紧张、焦虑不安。爸爸妈妈的这种不安情绪极易感染给宝宝，加剧宝宝怕黑的心理。因此，在宝宝面前，爸爸妈妈应扮演勇敢的角色，如宝宝进入房间害怕时，爸爸妈妈可先打开灯进去，在宝宝面前对房子搜寻一番，告诉宝宝房间和白天一样安全。平时，应告诉宝宝黑暗并不可怕，黑是因为我们的眼睛看不清外界。爸爸妈妈要给宝宝更多的爱抚和关心，要创造条件有意识地锻炼宝宝，培养宝宝的信心，增强其安全感。

日常家教演练

1. 你的孩子爱哭闹吗？你会采取哪些方法安抚哭闹的孩子？
   _____
   _____
   _____

2. 你的孩子爱乱发脾气吗？你能冷静处理孩子的无理要求吗？
   _____
   _____
   _____

3. 你了解孩子出现独占意识的原因吗？你会如何培养孩子的分享意识？
   _____
   _____
   _____

4. 你的孩子害羞吗？你会如何帮助孩子扩大社交范围？
   _____
   _____
   _____

5. 你会无限度地满足孩子的要求吗？
   _____
   _____
   _____

第五章

0~3岁,如何管教孩子的行为

冷静处理宝宝的暴力行为

具有攻击行为的宝宝，在家庭中常常有破坏玩具、家具或者是伤害别人的行为；而在外边，则往往是受到挫折后缺乏自制力，甚至以暴力伤害他人，并从中得到满足。

孩子出现这样的问题，主要是家庭教育不当。有的爸爸妈妈怕孩子在外边吃亏，常向孩子灌输："谁要是打你，你就狠狠地打他，这样他就再也不敢打你了！"这样的"暴力意识"，会使孩子认为只要受到欺负，施行攻击是合理的。当爸爸妈妈发现孩子有攻击行为时，应采取下面这些方法处理：

1. **冷处理**

所谓冷处理，就是当孩子有攻击行为时，最好的方法是"暂停"。一些爸爸妈妈在处理孩子的攻击行为时，不是叫骂，就是责打，这种鲁莽的方法有时有效，而大部分时候会适得其反。对待孩子的攻击行为，最好的方法就是"暂停"。可以完全不理孩子，也可以把孩子带到一个安全的地方，防止矛盾的进一步激化。这时让孩子在另一个环境下安静几分钟，爸爸妈妈自己也要冷静下来，然后再给孩子讲清楚利害关系,让孩子接受教训。这种"暂停"的方法,对控制孩子的攻击行为十分有效,但需要在问题发生时立刻去做,且爸爸妈妈要保持冷静和坚定的态度,事后应以理服人。

2. 关心受到攻击的孩子

如果发现孩子打其他孩子,爸爸妈妈应该首先走到被打的孩子身边,把这个孩子抱起来,并对这个孩子说:"他打你是不对的,也可能并不是有意伤害你,不管怎么样,我都要教育他,好吗?"这样做一是安慰了被打孩子的心灵,使他不会产生报复心理;二是现场教育了自己的孩子。

3. 让孩子悔过

当爸爸妈妈知道自己的孩子打了别的孩子时,要让孩子在一个较缓和的气氛中讲一讲事情发生的经过,也就是为什么要打人。当了解清楚原因后,要告诉孩子不管是什么情况,打人都是不对的,要用讲道理的方法处理问题。孩子知错后,要有口头或书面的悔过,表示以后不再犯类似的错误。

孩子毁坏财物怎么办

儿童时期注意力很容易转移，对待身边的东西，不管价值高低，总是喜新厌旧。有些爸爸妈妈不断地给孩子购买新的玩具，孩子又不知道珍惜，有的故意毁坏、乱拆，甚至为了得到新玩具，就拆旧玩具。孩子毁坏、乱拆东西的心理动机是各种各样的，一般可分为以下几类：

一是由于活泼好动，无意间将东西损坏。这种孩子往往精力过盛，手脚闲不住，常常是毁坏东西后又很害怕。

二是由于儿童有极强的好奇心，对钟表、带响的玩具、电动汽车等想弄个明白。因此，他们常常会把东西打开，并不是有意损坏东西。

三是东西太多，他们不知道珍惜，认为反正有人给买新的。

四是有的孩子为了报复而毁坏东西。例如：受到爸爸妈妈责怪、惩罚之后，不服气，就把东西弄坏以"示威"。

当孩子出现毁坏财物的行为时，爸爸妈妈应该这样做：

(1)要细心寻找孩子拆毁东西的原因，看一看孩子是有意的还是无意的。如果是无意的，不要责怪孩子，告诉孩子以后要小心，今后不论是在家里还是在外边，都要爱护和珍惜每一件物品；如果是有意的，也要问明白原因——是好奇还是故意。

（2）要经常带活动过多、精力旺盛的孩子外出。尽量让孩子到户外进行体育活动，只有在户外进行了充足的活动，回到家后才能安静下来。外出时，爸爸妈妈要注意选择适合的场所，如儿童乐园、动物园等孩子喜欢活动的地方，让孩子发泄过盛的精力。

（3）选择一些适当的东西来满足孩子的好奇心。爸爸妈妈不要一味斥责，要因势利导，启发孩子的创造性。如孩子喜欢拆玩具，特别是喜欢拆有响声的玩具，就是想拆开看一看，探索一下响声是从哪里发出来的。这时爸爸妈妈可以与孩子一起拆开一个旧玩具，边拆边告诉孩子这个玩具为什么会响、那个玩具为什么会跑……这样既满足了孩子的好奇心，又可以启发孩子的想象力。

（4）教会孩子用恰当的方式表达感情。爸爸妈妈要以身作则，不拿东西出气，不损坏物品，否则孩子会模仿爸爸妈妈的行为。在孩子发火时，爸爸妈妈应鼓励孩子把自己的想法、委屈、气愤等讲出来。如果孩子用乱扔、毁坏玩具的方式出气，爸爸妈妈可以把玩具收起来，不让玩，让孩子冷静几分钟。

正确对待宝宝说谎

宝宝到了两三岁时，爸爸妈妈会发现他会说谎了。对于2~3岁的宝宝，说谎并非完全是品德问题。但是，如果爸爸妈妈一笑置之，不分析、不教育，宝宝便得到了不断强化与练习说谎的机会，养成说谎的坏习惯，甚至积习难返，贻误终生。具体来说，宝宝说谎有以下几种情况：

（1）概念模糊。2~3岁的宝宝，由于认知水平和语言能力的局限，对于发生的事情表达不准确，或者对物品的归属概念模糊，认为自己喜欢的东西就是自己的，他出于无意会造成许多说谎的假象。对于这样的宝宝，爸爸妈妈要帮助他分清"时间"与"所有权"的概念，并告诉他不是自己的东西不要拿走。

（2）想象力丰富。2~3岁的宝宝对于事实和虚构的界限还分不清楚，头脑中经常产生许多极其生动、逼真的想象。他喜欢夸大其词，有时会用虚构的言辞来抬高自己，使虚荣心得到满足，或者用幻想的语句作为未能实现的愿望的补偿，作为克制和掩饰自己失望心理的手段。这种与想象、愿望有关的说谎，具有自我陶醉的特点，能使宝宝获得象征性、代偿性的满足。

（3）想实现某种愿望。宝宝的愿望大体可以分为两种：一种是物质的，如玩具与零食等；一种是精神的，如希望得到爸爸妈妈或他人的表扬。有的宝宝会出现因为物质欲望和精神需要得不到满足而说谎的现象。

（4）逃避惩罚。宝宝做了错事，害怕遭受体罚，害怕失去爱抚，为了消除这种恐惧的心态，会出现说谎的行为。特别是面对一些性格粗暴、态度严厉的爸爸妈妈，宝宝往往不敢承认自己的过失行为而支吾说谎。

（5）乖宝宝症状。宝宝从小就被大人灌输什么样的宝宝才是乖宝宝，什么样的宝宝是不听话的宝宝。宝宝知道大人喜欢乖宝宝，也希望大人认为自己是个乖宝宝。因此，宝宝很容易去想：爸爸妈妈爱我，因为我是个乖宝宝。乖宝宝是不会做错事的，我才没有做错事呢。

（6）模仿行为。现在，成人社会与大众媒体中存在着不少说假话的行为，容易被宝宝模仿。如果爸爸妈妈经常当着宝宝的面说些小谎话，那么宝宝很快就能学会说谎。

对于宝宝说谎，爸爸妈妈不必惊慌失措，但要仔细分析宝宝说谎的心理，然后采取相应的教育措施。

1. **了解宝宝心智的发展**

2~3岁的宝宝，正处于语言学习的关键期，正确描述客观事件的能力有限；他的思维处于直觉行动阶段，即离开了具体的物体与实际的操作，就无法正确认识这个世界，也因此导致宝宝的想象与事实相距甚远。另外，宝宝刚刚形成自我意识，开始具有自尊倾向，因而会用想象中的事物来满足自己无法实现的愿望。了解了这些，爸爸妈妈就不该轻易断定宝宝撒谎。

2. 处罚要得当

有时宝宝做了错事，爸爸妈妈态度粗暴甚至体罚宝宝，可能促使他下次做错事时出现说谎行为。所以，爸爸妈妈应该克制怒气，先分析一下错误的性质，如果他是出于好奇、顽皮、不小心而无意做了错事，就切忌粗暴体罚他，而应耐心进行指导教育。但是，有些错误是该惩罚宝宝的，如损人利己的行为，或旧错重犯，如果他能主动诚实地告诉爸爸妈妈自己所犯的错误，那么在批评教育之后，一定要对他的诚实做出肯定，并适当减轻惩罚，要知道宝宝做到这一点是多么不容易。如果他犯了错误还说谎，则要加重处罚，并告诉他，加重处罚的原因是他在第一个错误没改正的情况下，又犯了更严重的错误——说谎。

3. 建立良好的亲子关系

爸爸妈妈与宝宝间的相互信任和理解是宝宝诚实的前提条件。爸爸妈妈平时要多关心宝宝的生活，对他的要求要切合实际。当发现他说谎，要与他一起商量，下一次遇到类似情况用哪些更好的办法代替说谎。另外，要让宝宝知道，即使他说了谎，爸爸妈妈还是爱他的，也能理解他的心情。

4. 要以身作则

爸爸妈妈一句漫不经心的谎话会给一旁的宝宝非常不好的影响,所以作为他的第一任启蒙老师,爸爸妈妈应该尽量少说这种漫不经心的谎言,多一点对自己的严格要求。

怎样让不服管教的孩子听话

很多爸爸妈妈都抱怨自己的孩子不听话，总是把所有的责任都归咎到孩子的身上，其实有时并不是孩子不肯听爸爸妈妈的话，而是爸爸妈妈没掌握好和孩子说话的技巧和方式。

1. 建立良好关系

如果你想让孩子合作，就应该把重心转移到培养彼此的关系上来。当你总是唠叨着他所犯的小错误的时候，你和孩子都会因此而倍感挫折，你感到自己不是个称职的妈妈，孩子也感到自己总是不能做好一件事。因此，父母最好每天都尽量给孩子正面的评价。比如："你挑选了一种很特别的颜色画画哦！""你对待你的娃娃真温柔啊！"另外，无论工作如何忙碌，父母每天都应花一定的时间陪伴孩子，陪他做喜欢的事情。

2. 做一个鼓励者

你可能会因为担心孩子，而不厌其烦地告诉他做事情的每一个小细节。但是，这样监控他的人生，无疑是对他能力的质疑。因此，你应该尽可能地让孩子独立完成一些小事情。尽管你很想帮忙，但还是应该放手让他自己解决过程中遇到的困难。你可以在这个过程中，稍微用一些简单的句子或者小提示帮助他解决问题。

3. 时刻保持冷静

当爸爸妈妈让孩子关电视，而他却屡劝不听的时候，爸爸妈妈最后可能会恼羞成怒，对他大吼。但是，爸爸妈妈迟早会发现，暴力或者怒火是不能让孩子跟你合作的。这只会让你更加愤怒，让孩子对你更加抗拒。

因此，爸爸妈妈必须很好地控制自己，不要轻易地向孩子宣泄你的愤怒和沮丧。当孩子跟你发小脾气的时候，爸爸妈妈也不能发火。相反，应该借你的冷静给孩子，告诉他他做了什么不对的事情，并且给他另外一个选择。

4. 避免用负面意义的说话语气

不能用带有"我命令你……""我警告你……""你最好赶快……""限你在五秒钟内……""我数一、二、三……否则……""你应该……""你真笨""你好坏""你太让我失望了""不可以……"等表示指挥、命令、警告、威胁、责备、谩骂、拒绝等负面意义的说话语气。

5. 共情的方式

孩子虽然小，但是他跟成人一样需要理解。因此，表达你对他的理解是非常重要的。以看电视为例，如果你不是强行制止孩子看电视，而是先表达你对他迫切想看动画片的这种心情的理解，那么事情就不会那么糟糕了。"妈妈知道，你特别想看完这个动画片再吃饭，对不对？这么好看的动画片错过了真是太可惜了。不过，饭菜凉了，吃了肚子会痛的，肚子痛是不是也很难受呀？再说，看动画片时间太长了，眼睛坏了，以后想看都看不了哦！你看，像妈妈这样，如果我看不见，我就找不到我家孩子了。我家孩子在这边吧？不对，我摸到的是沙发！在这边吧？还不对，我摸到的是茶几！天哪，如果看不见，那就太可怕了！呀，可别把我们的眼睛看坏了，赶紧吃饭去吧！"给他一个台阶下，他自己也许就会放弃看电视，自动跑去吃饭了。

6. 顺势诱导的方式

孩子是最现实的，他只关注他当下正感兴趣的事情，所以如果强力阻止他，他就很难认可大人的想法。当你的要求跟孩子的欲望发生冲突的时候，你可以采取相对比较柔性的方式顺着他的期望走一走，然后再帮助他转弯。比如孩子特别喜欢吃糖，见到糖就迈不开步，这时候强行抢下他手中的糖果可能就会让他哭闹不休，最终不可收拾。不如干脆就把糖剥了给他，并且顺着他的想法来说说这件事："吃吧吃吧，糖多甜，多好吃啊！吃了糖，牙就坏了，然后我们就要去医院看医生。医生呢，就会拿一把大钳子，使劲地把我们的牙拔掉，哇，天哪，拔牙可痛了。你还记得那本《鳄鱼害怕牙医伯伯》吗？鳄鱼去拔牙的时候是不是吓坏了？"

如何应对爱插嘴的孩子

大人讲话孩子爱插嘴，这与孩子的心理有关。他年龄小，知识面窄，求知欲却高。当大人讲到他闻所未闻的事情时，他便会提出许多问题希望得到解答。这是他获得知识的途径，也是他的可贵之处。爸爸妈妈不要一味斥责，应该采用积极诱导的方式来解决问题。

1. 孩子会插嘴的情况

孩子对讲话中的部分内容感到好奇，迫不及待地想解决心中的"疑问"。

别人谈的或讨论的内容，孩子曾经听说过或有点似懂非懂，他便会产生"共鸣"、激动，急于想"表现"自己，讲一讲自己的"看法"。

孩子独自玩耍或独自尝试着做某件事时遇到了困难，急于求得帮助，这时他可能会不顾场合打断别人的谈话。

2. 因事制宜

因事制宜即针对不同的情况，采取相应的适当的方式和方法加以引导。当孩子对大人谈话内容提出疑问，或遇到困难求助时，千万不要因一时恼火而当着别人的面训斥孩子，否则就伤害了孩子的好奇心和自尊心。爸爸妈妈可以跟孩子讲明，谈话结束后再解答，还可以再夸奖他一句："你真爱动脑筋！"这样孩子是会谅解的。但事后一定要履行诺言，并教育孩子在别人谈话时不要随便地打断，告诉他这样做是不礼貌的。

如果大人在闲聊时所谈及的内容使孩子产生"共鸣"，孩子因急于想表达自己的意见而打断别人的谈话，爸爸妈妈不妨给孩子一个"表现"的机会，先征求与你交谈的对方的意见，然后让孩子参与进来。不过，谈完话后应很委婉地指出孩子刚才随便插话是不对的。这样孩子是比较容易接受你的批评的，因为孩子的"表现欲"得到了满足。

3. 相机诱导

相机诱导即爸爸妈妈要利用一切可以用来对孩子进行教育的机会，对孩子加以启发和诱导，特别要注意运用发生在孩子身边的事情来教育孩子，使孩子受到启迪。比如，爸爸妈妈和孩子恰好看到了别的孩子在其爸爸妈妈和别人讲话时插在中间吵个不休而受到批评，就可以问自己的孩子："刚才那个孩子做得对不对？为什么？你喜欢他这样吗？"让孩子从中受到教育。

校正孩子的莽撞行为

莽撞是学龄前儿童成长过程中不可避免的行为。爸爸妈妈如果对孩子的莽撞行为长期不予理睬,也会使他们在种种莽撞行为的重复中,形成坏的性格、习惯。

1. **生理和心理因素**

有的孩子的目测力差,空间知觉不准确,大脑操纵小肌肉群的能力很差,本想把物品放到桌上,结果事与愿违,失手打翻在地上了;有些孩子往往好动、好斗,对运动表现出永不满足的欲望,因此常常出现头上撞出个包、衣服撕破了等现象。

爸爸妈妈应以正面教育为主,亲切地告诉孩子做事要细心、认真,把东西损坏了很可惜。同时,肯定、表扬他爱做事的好品格,并积极为孩子创设良好环境,让他在耐心、细致、认真的实践活动中得到锻炼。

2. **知识经验缺乏**

有的孩子经常爬上墙头、砖堆往下跳,不是腿青了,就是脚扭了;有的孩子玩尖锐的东西被戳伤;等等。这是由于他们缺乏知识经验，不能预见行为的后果造成的。

　　成人应帮助孩子广泛接触事物，积累经验，认识行为准则的意义，同时，借助莽撞行为的后果，让孩子接受教训，使他懂得一些日常生活常识。如孩子因为玩刀、玩水、玩火而被刀割伤、被水烫伤、被火烧伤，就应该让他了解有关方面的知识，自觉注意和养成良好的习惯，减少莽撞行为。

3. 不良教育的影响

　　由于成人对孩子过于娇惯，有的孩子稍不如意就大发脾气，乱摔东西；有的孩子遭遇成人的打骂，就以打同伴、撞同伴出气，逐渐形成莽撞的不良行为习惯。

　　爸爸妈妈应检点自己的言行，改进教育方式。要防止对孩子娇纵、溺爱或随意打骂。同时注意帮助孩子学会自我控制，避免莽撞行为的发生。

孩子没有礼貌怎么办

很多爸爸妈妈看到别人家的宝宝乖巧又有礼貌，很是羡慕；而看到自己的孩子缺乏礼貌时，往往很苦恼。其实自家的孩子也可以这样的，只要爸爸妈妈马上行动起来，积极而又耐心地培养宝宝的礼仪观念。

1. **学会打招呼**

宝宝回到家，要对大人说"我回来了"，出门时要说"我出去了，爸爸妈妈再见"。教会宝宝第一次后，督促宝宝做第二次、第三次，久而久之宝宝的好习惯就养成了。

2. **学会礼貌用语**

在宝宝学说话的时候，父母就可以教宝宝一些"你好""谢谢"等礼貌用语，并在平时的生活中，教宝宝学会使用这些礼貌用语。

3. **学会良好的行为**

一些良好的行为在家就要训练好。大人要训练宝宝说话时不能大声喧哗、说话要清楚,与大人讲话时要看着对方的眼睛,注意倾听;当大人正在谈话时,宝宝不能随便乱插嘴;坐的姿势要端正,站立的时候不能东倒西歪;等等。

4. 学会待客

客人到家,正是父母训练宝宝礼貌待客的好机会。客人进门,宝宝甜甜地问声好,将客人领进来,稍大一点的宝宝,父母不如放手让他摆摆糖果、放放饮料等。如果有宝宝的客人来访时,大人除了热情招待外,还要让自己的宝宝学做小主人,领着小朋友到处看看,拿出心爱的玩具和小客人一起分享。

5. 学会和小伙伴相处

告诉宝宝和小伙伴交往要谦和。小朋友有自己的交往方式,懂礼貌的小朋友见了面会拉拉小手,碰碰身体,点点头。碰到矛盾大人要引导宝宝轻松解决,小朋友一起商量,学会一些自己解决问题的方法和交往的法则,这样,宝宝交往起来会觉得很轻松,性格也会更温和。

6. 学会做客

宝宝出门做小客人时,也是训练其礼貌的好时机。出门前,父母应先和宝宝定好目标——做个受人欢迎的小客人。父母事先应告诉宝宝到谁家及如何称呼主人。如果是节假日,可鼓励宝宝想一些祝福的话,要是主人家也有小朋友,应让宝宝准备一件礼物送给那家的小朋友。

◇ 培养孩子的礼貌行为 ◇

在日常生活中，爸爸妈妈有很多机会可以培养孩子的礼貌行为。

日常家教演练

1. 你的孩子有攻击行为吗？你如何看待孩子的暴力行为？

   _____
   _____
   _____

2. 你了解孩子说谎的原因吗？你如何处理孩子的说谎行为？

   _____
   _____
   _____

3. 当孩子不听话时，你会如何处理？

   _____
   _____
   _____

4. 你会采用哪些方法来培养孩子的礼貌行为？

   _____
   _____
   _____

5. 孩子行为莽撞、经常受伤怎么办？

   _____
   _____
   _____

第六章

0~3岁，如何矫正孩子的习惯

纠正宝宝吸吮手指的习惯

很多宝宝从两三个月就开始吸吮手指了，如果这种行为延续到 1 岁以后，宝宝就会很难放弃吸吮手指了。所以，爸爸妈妈需要了解宝宝吸吮手指的原因，并采取正确的方式帮宝宝戒掉这个习惯。

1. 宝宝吸吮手指的原因

宝宝的生理需要得不到满足。当宝宝饥饿而得不到满足时，或者当宝宝的身体某一部位不舒服时，吮吸手指似乎可以缓解其身体的不适感。

宝宝的心理需要得不到满足。因为宝宝对周围环境的认识能力有限，他们对爸爸妈妈有强烈的依恋感，需要得到他们的关心照顾和爱抚，从而获得心理上的安全感。如果宝宝对安全感的需要得不到满足，就会通过啃咬手指来缓解内心的紧张和不安。

爸爸妈妈的养育方法不良。有些爸爸妈妈认为宝宝爱吃就尽管去吃，对宝宝的行为不予纠正。也有的爸爸妈妈看见宝宝吃手指，大呼小叫，本来宝宝最初吃手指是无意识的，爸爸妈妈的态度反而引起了他对这一行为的注意。还有的爸爸妈妈在哺乳期时，宝宝一哭就塞给乳头，或者把奶嘴塞在宝宝口中，这使得宝宝把吮吸动作当作解除烦恼的手段，稍大以后，当宝贝遇到烦恼时则会习惯性地吮吸手指。

2. 转移宝宝的注意力

当宝宝吸吮手指时，爸爸妈妈应转移他的注意力，和宝宝玩耍，或把玩具递到他的手中。不论采取什么阻止措施，都不要采取强制性方法。如果宝宝在睡觉前吸吮手指，爸爸妈妈可以让宝宝拿着玩具或将他的两只手握在一起。

3. 切忌强制粗暴的行为

在矫治过程中，切忌强制粗暴的行为。有些爸爸妈妈缺乏耐心，态度粗暴，甚至打骂、恐吓宝宝；还有些爸爸妈妈用纱布把宝宝的手包上，以此来阻止宝宝的这一行为。这些不良的矫治方式，往往加重了宝宝的心理负担，效果往往只会适得其反。

改善宝宝的不良口腔习惯

宝宝有些不起眼的习惯，可能使他失去一口健康、整齐的牙齿。爸爸妈妈与其等着宝宝出现了牙齿畸形，甚至影响了他的面容美观去做矫正，不如从现在开始帮他改掉这些坏习惯。

1. 吮指

吮指在婴儿期属于一种正常的生理现象，随着年龄的增长会逐渐消失。在宝宝 3 个月以后，就要慢慢纠正他的这个习惯。如果宝宝一直有吮指的习惯，就会影响牙齿健康。因为，吮指时，拇指放在正在萌出的上下前牙处，容易形成开合。如果拇指长时间顶在上牙床的骨骼上面，还会出现反合及上颌前突。

2. 舔舌

如果宝宝不停地用舌尖舔上下前牙，会导致开合。如果常舔下前牙，可导致下颌向前移位，形成下颌向前突的反合。如果用舌头同时舔上下前牙或经常吐舌头，会使上下颌均向前移位，导致双颌前突畸形及开合。

3. 咬唇

如果宝宝习惯咬上唇会导致下颌前凸，前牙反合，上前牙拥挤并向舌侧倾斜；咬下唇可以使下颌后缩，下牙拥挤，上牙前凸呈"鸟嘴状"。

4. 啃物

如果宝宝爱咬铅笔、咬被角、咬枕头等，容易在上下牙之间造成局部间隙。而且如长久使用一处牙齿啃咬物品，就会形成咬物处牙齿的小开合。

5. 用嘴呼吸

正常的呼吸应用鼻子进行，但如果宝宝患有鼻炎或腺样体肥大等疾病，鼻道不通畅，就会形成用口呼吸的习惯。长期用嘴进行呼吸，宝宝的舌头和下颌后退，会导致上颌前凸，上牙弓狭窄，牙列不齐。外观表现开唇露齿，上唇短厚，上前牙突出。

6. 下颌前伸

许多宝宝喜欢模仿这个动作，久而久之就成了习惯，导致双颌形成反合。

培养宝宝独立吃饭的习惯

当爸爸妈妈看到别人的宝宝坐在餐桌前，胸前系着围兜，手里握着勺子，张大嘴巴，认真地喂自己吃饭时，一定羡慕极了。"哎呀，这个宝宝真乖，这家大人真是太省心了。我的宝宝要能这样就好了。"再想想自己的宝宝吃饭总是要大人追在后面喂，真是伤透脑筋。其实，要想让宝宝养成独立吃饭的习惯，也不是一件很难的事，只不过要讲一点策略。

1. 让宝宝自己用勺子

给1岁多的宝宝喂饭最头痛的问题莫过于他总是要抢勺子。如果爸爸妈妈失去耐心，甚至对宝宝大吼大叫，或者当即没收给宝宝的这项特权，宝宝只有干着急，甚至对于有些胆子小的宝宝，他学习吃饭的热情就这样被浇灭了。

聪明的父母会这样做，先给宝宝戴上大围兜，在宝宝坐的椅子下面铺上塑料布或不用的报纸。刚开始时，给宝宝一把勺子，父母自己拿一把，教他盛起食物，喂到嘴里，在宝宝自己吃的同时喂给他吃。用较重的不易掀翻的盘子，或者底部带吸盘的碗。父母要容忍宝宝吃得一塌糊涂。在宝宝成功时，给予热烈的鼓励。 照顾到宝宝的实际能力，当宝宝吃累了，用勺子在盘子里乱扒拉时，把盘子拿开。 不过，可以在托盘上留点儿东西，让他继续"做实验"。

2. 及时给予鼓励和表扬

如果宝宝的依赖性很强，可采取这样的做法：连续几天给宝宝做他最喜欢吃的饭菜，把饭菜盛好放在宝宝面前，爸爸妈妈暂时离开几分钟，然后回到宝宝身边。 如果宝宝能吃上几口，则给予表扬，鼓励他继续吃完；如果宝宝仍不愿意自己吃，也不要对宝宝发火，要帮助他把饭吃完。 几天之内多次重复这种方法后，宝宝饿了馋了自然会自己拿起餐具吃饭。

纠正宝宝偏食的习惯

儿童营养专家调研结果表明，我国大约有 2/3 的儿童都有特别偏爱或者拒绝吃某种食物的习惯。这种偏食习惯如不及时纠正，会造成宝宝营养摄取不均衡甚至体弱多病等后果。

1. 宝宝偏食的原因

爸爸妈妈及家庭的饮食习惯一定会对宝宝的偏食造成影响。因为宝宝的模仿力强，若模仿对象中有偏食现象时，往往无形中会影响宝宝不吃或讨厌某种食物，而表现出偏食的状况。

爸爸妈妈没有正确的营养知识，造成宝宝只吃双亲认可的食物，久而久之便容易造成宝宝偏食的现象。

宝宝有过不愉快的进食经验。比如被热汤烫到、被鱼刺卡住、口味太重、菜色单调等，都会影响宝宝对食物的印象，进而造成宝宝拒吃或害怕的心理。

2. 纠正偏食的策略

改变食物的外观。许多宝宝因为之前的经验，一旦觉得某种食物难吃，下次就不愿意再加以尝试了。此时爸爸妈妈不妨化有形为无形，让宝宝在不知不觉中将该食物吃下。将他讨厌吃的东西切碎、磨成泥、打成汁或以模型切割等方式改变形状，再加入其他食物一起烹调。

改变烹饪方式。同样的食材变换不同的烹煮法，运用多样化的组合，在菜的颜色、口感上做调整，会让宝宝觉得很有趣，也更有好奇心。

去除特殊的味道。有一些味道较强烈的食物，如青椒、胡萝卜、羊肉、海鲜等，虽然有营养，却得不到宝宝的青睐。所以爸爸妈妈不妨多花点心思改变烹调的方式，如加柠檬或姜可以去除鱼腥味；处理青椒时，不仅要把内部清洗干净，还要记得用水泡过。

3. 不要强迫宝宝进食

每个宝宝都可能有不同程度的偏食，爸爸妈妈越强行纠正，宝宝可能会越反感，因此，建议爸爸妈妈不宜强迫宝宝进食。宝宝对于新的食物，一般要经过舔、勉强接受、吐出、再喂、吞咽等过程，大约反复5～15次才能接受。爸爸妈妈应耐心、少量、多次喂食，并给予宝宝更多的鼓励和赞扬。

培养宝宝良好的卫生习惯

养成良好的卫生习惯，对宝宝来说，是大有裨益的。从小就开始培养，有助于其习惯的养成。一般来说，幼儿期是习惯养成的重要时期。因此，爸爸妈妈应该牢牢把握这个时期。

1. **勤洗手**

宝宝进入幼儿期后，相对于婴儿期来说，其好奇心更强了，对什么东西都能产生浓厚的兴趣。如果在外面玩，他会捡地上的石头，挖泥土，拔地上的草，甚至会乱捡垃圾，弄得小手脏兮兮的。如果宝宝用脏手揉眼睛，会引起眼睛感染；用脏手直接拿东西吃，手上的细菌和寄生虫卵会一起吃到胃内，造成宝宝拉肚子。因此，必须让宝宝养成勤洗手的好习惯。

"饭前便后要洗手。"这句话想必大家都是耳熟能详的，这也是保持手部卫生的基本条件。对宝宝来说，养成这一良好习惯尤为重要，特别是在外面玩耍回来之后，不管小手有没有弄脏，回家的第一件事就是洗手，因为很多细菌是肉眼看不见的。在用肥皂或者洗手液洗手的时候，可以让宝宝边搓揉边慢慢数数，等数到 30 了，再用水冲洗，确保小手洗得干干净净的。

2. 早晚漱口

为了保护好宝宝的乳牙，从 1 岁多起就应开始训练宝宝早晚漱口，并逐渐培养他养成这个良好的习惯。

训练时先为宝宝准备好水杯，并预备好漱口所用的温白开水（夏天可以用凉白开水）。不要给宝宝用自来水刷牙，因为宝宝在开始时不可能马上学会漱口的动作，往往漱不好就会把水咽下去，所以刚开始最好用温（凉）白开水。初学时，爸爸妈妈为宝宝做示范，把一口水含在嘴里做漱口动作，而后吐出，反复几次，宝宝很快就会学会。需要提醒的是，不要让宝宝仰着头漱口，这样很容易造成呛咳，甚至发生意外。在训练过程中，爸爸妈妈要不断地督促宝宝，每日早晚坚持不断，这样天长日久宝宝就会养成习惯。

3. 让宝宝掌握盥洗用语

在培养宝宝讲卫生的习惯的同时培养宝宝掌握与盥洗有关的用语，如"牙刷""牙杯""毛巾""漱口"等，大人教时要耐心，边讲解边示范，并给以必要的帮助。

培养宝宝正确的坐姿与站姿

许多爸爸妈妈缺乏育儿知识,不注意宝宝学步、学坐时的姿态,等宝宝因从小养成的习惯导致走相难看、坐相不正时,才后悔不已。幼儿期正是迅速生长发育的阶段,宝宝在这个时期骨头里钙、磷等无机盐含量少,有机物含量多,所以骨骼硬度小、弹性强、柔软,不容易骨折、断裂,但很容易变形。另一个特点是各个器官功能均不定型,容易发生变化。因此,在这个时期保持宝宝健美的体形极为重要。

1. 保持正确的坐姿和走姿

宝宝连续坐的时间不宜超过半个钟头,且要保持正确坐姿——身体端正,两腿并拢,腰部挺直,两眼平视前方,两臂自然下垂放在腿上——这样的姿势才不会引起宝宝椎骨变形。

宝宝因其腿部力量仍很差,在行走时常以重心前移带动脚的位移,走起来像跑,头重脚轻,动作不协调,深一脚浅一脚。引导宝宝稳定协调地走路很有必要。正确的走路应目视前方,上体正直,双臂自然下垂,手指自然弯曲,两臂以肩关节为轴前后自然摆动,下肢协调动作,抬头挺胸。走路时双足勿向外撇,避免形成"八字脚",双足也不能向内弯,这样也容易形成异常的走路姿势。

2. 正确姿势有利健康

收腹,挺胸,抬头,前视,站直。不弯腰、不侧弯,两肩平面对称,两手自然下垂,两足靠拢,自然站立。这种姿势可使胸腔容积扩大、腹腔压力减少,有利于呼吸及血液循环,有利于全身健康。从小培养宝宝良好的体态,不仅使其外形美观,而且有利于宝宝全身,特别是内脏器官的健康发育。

3. 选择合适的桌椅

爸爸妈妈应为宝宝提供与其身高相协调的桌椅,一般来说,桌椅之间的距离以宝宝端坐在椅子上,两肘刚好放在桌面为宜。还应注意,不要让宝宝坐在柔软的沙发或床上看书、看电视,坐时不要让宝宝过多地倚靠垫背。

让宝宝形成正确的是非观

很多人认为,婴幼儿只知道吃喝拉撒睡,不哭不闹就很乖了,没有什么是非判断能力,其实不然。在他们懵懵懂懂、咿呀学语,特别是欢笑及发怒时,已开始了对外界人和事的观察与认识。有的爸爸妈妈只是满足宝宝的生理需求,对宝宝的无理取闹却无条件地迁就忍让,这样宝宝就会形成不正确的是非观,养成许多不良习惯,甚至影响一生。

1. 统一是非标准

在宝宝饮食、排便、睡眠、卫生、礼貌等方面建立良好的制度,严格执行并取得全家人的共识与行动的一致。如宝宝睡醒之后会躺着自己玩,这就是做得好;如果没缘由地大哭大闹,就是表现不好。此时,谁都不要理会他,慢慢地宝宝就知道了自己做得不对。但是,宝宝的语言表达能力还不完善,不能完全用语言表达自己的需要,只会用哭来表达自己的感觉。所以,爸爸妈妈要学会判断宝宝哭的真正原因,以便及时对症处理。

2. **客观评价宝宝的行为**

爸爸妈妈可以运用表情动作、简单的语言对宝宝的行为加以肯定或否定。半岁以后的宝宝，逐渐对成人用表情和语言表示的称赞和责备有所反应。如他小便知道使用坐便盆了，爸爸妈妈可以非常高兴地拥抱亲吻宝宝，并充满喜悦地说："宝宝真的长大了，真能干！"有时，还可以很温柔地抚摸宝宝，奖励他最喜爱吃的或玩的东西，以此来不断鼓励、强化宝宝简单的是非观。当宝宝表现差时，可以置之不理，或佯装怒容以训斥生气的语言说"这不是乖宝宝会做的事"等。但是爸爸妈妈一定要客观地评价宝宝的行为，不能根据自己的心情去判别宝宝的是与非。

3. **教宝宝正确的行为**

爸爸妈妈可以带宝宝多外出活动，与成人及小伙伴交往，教宝宝正确的礼貌行为。如：教宝宝不抢小伙伴的玩具，用动作表示"你好""再见"，到公园不攀折花木，等等。在宝宝养成良好的行为习惯的同时，他也明确了人生的一点点是非。

4. **爸爸妈妈要做宝宝的好榜样**

榜样的力量总是无穷的，爸爸妈妈的一言一行都在无形中影响着宝宝的行为。而且，年幼的小宝宝模仿能力很强，他们经常是在观察和模仿他人尤其是爸爸妈妈言行的过程中，学会各种技能和本领的。因此，爸爸妈妈千万不可忽视自身的榜样示范作用。

正确对待宝宝惯用左手

很多爸爸妈妈为宝宝习惯用左手而烦恼。的确,生活中的绝大多数用具都是为习惯右手的人群设计的,这对左撇子宝宝来说确实会有一些困难和不便。但是,爸爸妈妈应当明了左撇子不是什么坏习惯,更不是什么生理缺陷。因此,宝宝惯用哪只手,应顺其自然。

1. 惯用手习惯来自遗传

从宝宝使用左右手的习惯,可以观察出宝宝是左脑优势还是右脑优势。其实,绝大多数宝宝惯用手的习惯是家族遗传。比如,爸爸妈妈中有人是左撇子,宝宝会习惯使用左手的概率也会相对提高。从研究数据来看,大部分惯用左手的宝宝,都可以从亲属中找出相同属性的长辈。而宝宝习惯用左手,这表示宝宝的右脑比较有优势。

2. 不要强迫宝宝使用右手

2岁左右时,宝宝使用左手或右手便已经很明显了,爸爸妈妈就应顺其自然。千万不可以强迫宝宝一定要用右手,或以言语不断地纠正，那样做容易造成宝宝害怕、有挫折感，变得不喜欢动手操作。 而且，长时间让宝宝处于挫折与无助感中，容易造成宝宝说话结巴、神经紧张、情绪不安等。

3. 多刺激不常使用的那只手

值得庆幸的是，现在的爸爸妈妈思想开通，当了解宝宝惯用左手的原因后，较能接纳宝宝的这个行为，不再像从前用打骂的方式强迫宝宝一定要改用右手。 不过的确可以多刺激宝宝不常用的那只手，左撇子的宝宝可以让他学着用右手捡球；同理，惯用右手的宝宝可以让其学着用左手捡球。 因为在双手操作中，宝宝同时也刺激了左脑和右脑的活动，多刺激脑部的活动对宝宝的发展有相当大的帮助，但是遇到宝宝要操作精细动作时，例如，吃饭、画图等，就别强迫宝宝一定要左右开弓了。

4. 提高左撇子宝宝的自信

很多左撇子的宝宝会觉得自己和别人不同，容易产生自卑的情绪。 树立宝宝的信心是爸爸妈妈的重要任务。 这个时候，爸爸妈妈应让宝宝了解左撇子是一种正常的生理现象。 平时，爸爸妈妈对左撇子宝宝要特别注意安全教育和适应能力的培养。

日常家教演练

1. 孩子一直不能独立吃饭怎么办？你如何培养孩子独立吃饭的习惯？

   _____
   _____
   _____

2. 你的孩子挑食、偏食吗？你将如何矫正？

   _____
   _____
   _____

3. 你如何从小培养孩子讲卫生的好习惯？

   _____
   _____
   _____

4. 你如何让孩子保持正确的站姿和坐姿？

   _____
   _____
   _____

5. 你如何让孩子分清善恶与是非？

   _____
   _____
   _____